工业和信息产业职业教育教学指导委员会“十二五”规划教材
高等职业教育财经类规划教材（财务会计专业）

成本会计实务

⊙王艳丽　孙　磊　主　编
⊙杨　瑛　孙　越　孙艳萍　副主编
⊙张　岐　主　审

電子工業出版社
Publishing House of Electronics Industry
北京 • BEIJING

内 容 简 介

本书紧紧围绕 21 世纪高职高专教育培养新型人才的目标，依照“案例导入、理论先行、实务跟进、技能到位”的原则，根据企业成本会计工作过程，以项目为导向、任务驱动来设计教学内容，着力体现以“职业能力为本位”、“岗位技能为核心”的课程改革新思路。

本书内容依照以下线索展开：上篇部分（看一看，什么是成本会计）主要阐述成本会计与成本核算基本理论，中篇（学一学，如何进行费用的归集与分配）主要通过 7 个项目来完成，下篇（做一做，如何在成本计算方法下进行成本计算）主要通过 5 个项目来展开。另外，根据教学内容的需要适当增加“小提示”、“知识延伸阅读”作为点睛处，来增加教材的亮点。使学生对工业企业的成本会计核算过程有比较系统完整的认识和理解，并熟练掌握工业企业成本会计的核算程序、基本方法与技能。

为方便教学和自学，本书配有教学 PPT、项目测试题以备读者使用。

本书可作为高职高专院校财经类专业的教学用书，也可供企业在职会计人员培训使用。

图书在版编目（CIP）数据

成本会计实务/王艳丽，孙磊主编. —北京：电子工业出版社，2013.1
高等职业教育财经类规划教材·财务会计专业
ISBN 978-7-121-18479-6

Ⅰ. ①成… Ⅱ. ①王… ②孙… Ⅲ. ①成本会计－会计实务－高等职业教育－教材 Ⅳ. ①F234.2

中国版本图书馆 CIP 数据核字（2012）第 214840 号

策划编辑：张云怡
责任编辑：郝黎明 文字编辑：裴 杰
印 刷：北京中新伟业印刷有限公司
装 订：北京中新伟业印刷有限公司
出版发行：电子工业出版社
北京市海淀区万寿路 173 信箱 邮编：100036
开 本：787×1 092 1/16 印张：14.25 字数：365 千字
印 次：2013 年 1 月第 1 次印刷
印 数：3 000 册 定价：27.00 元

前言

你是否想了解什么是成本会计？
你是否想知道如何进行生产费用的分配与归集？
你是否想知道如何在成本计算方法下进行成本计算？
你是否对成本会计岗位技能有很强烈的好奇心？
如果你的回答为“是”，请阅读本书。

课程设计内容　　理论课程体系设计　　行动领域体系设计

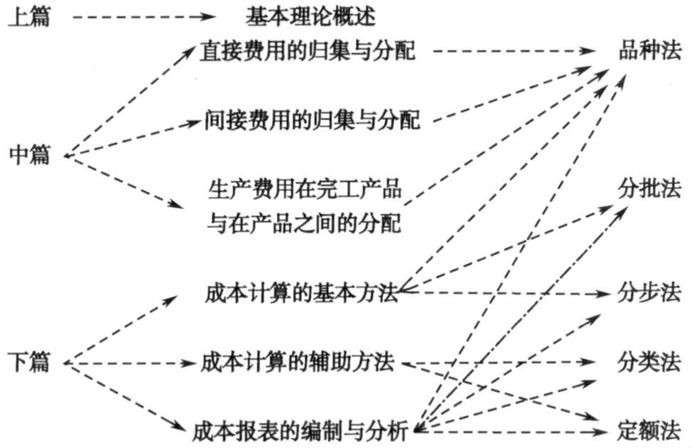

上图是成本会计实务的内容整体设计图。本书在内容和结构设计上均有较大的创新。内容上采用“每个职业能力为一个项目，每个项目下又分若干个任务”的教学模式，每个任务内包括相关知识、实际操作、职业技能训练等主要内容。通过强化综合技能和操作训练，重视职业能力的培养。结构上突破传统教材模式，以项目为单元，通过案例导入，力求贴近成本会计岗位的实际业务水平。

本书由吉林工程技术师范学院王艳丽、吉林建筑工程学院孙磊担任主编，黑龙江生物科技职业学院杨瑛、黑龙江粮食职业学院孙越、吉林省经济管理干部学院孙艳萍担任副主编，哈尔滨市体育运动学校周滨梅也参与编写。具体分工为：项目二、项目九由王艳丽编写，项目三、项目八、项目十、项目十三由孙磊编写，项目五、项目十一、项目十二由杨瑛编写，项目四、项目六、项目七、项目测试题由孙越编写，项目一由孙艳萍编写。全书由王艳丽、孙磊负责修改总撰，由广州科贸职业技术学院张岐审阅。

本书在编写过程中参考了相关教材的内容，得到有关专家的指导，得到电子工业出版社的大力支持，在此一并表示感谢！

限于作者的水平，书中不妥和疏漏之处敬请读者给予批评指正。

编　者
2012 年 10 月

目录

上篇　看一看，什么是成本会计

中篇　学一学，如何进行费用的归集与分配

下篇　做一做，如何在成本计算方法下进行成本计算

上篇

看一看，什么是成本会计

◆ 项目1　成本核算的基本理论概述

项目1

成本核算的基本理论概述

职业行动能力

- ◆ 学会对企业成本按不同标准进行分类。
- ◆ 能够掌握成本核算账户的结构和使用特点。
- ◆ 能够运用成本核算的一般程序进行成本核算。

学习任务目标

- ◆ 了解成本核算的原则与要求。
- ◆ 理解成本会计的概念和费用的分类。
- ◆ 熟悉成本会计的岗位职责和企业生产过程。
- ◆ 掌握成本核算一般程序和产品成本计算方法。

任务导入

一、案例资料

李皓和崔健合伙开办机械加工生产企业，建造厂房后，购置一批生产设备，并招聘15名技术工人和2名管理人员。两位合伙人在企业投产后，面对企业各项费用支出管理感到无从下手，不知如何处理。

二、讨论题

1. 如何设置成本核算岗位？
2. 如何对费用进行分类？
3. 如何对产品进行定价？
4. 应按照怎样的程序对产品进行成本核算？

任务1.1　成本会计的含义与费用分类

1.1.1　成本的含义

成本是商品经济的价值范畴，是商品价值的组成部分。人们要进行生产经营活动或达到一定的目的，就必须耗费一定的资源（人力、物力和财力），其所耗费资源的货币表现及其对象化称为成本。随着商品经济的不断发展，成本概念的内涵和外延都处于不断地发展变化之中。

1. 成本的经济性质

马克思在《资本论》中科学地指出了成本的经济性质："按照资本主义方式生产的每一个商品的价值 W，用公式来表示是 $W=C+V+M$。如果我们从这个产品价值 W 中减去剩余价值 M，那么商品剩下来的 $C+V$ 只是一个在生产要素上耗费的资本价值的等价物或补偿价值。""商品价值的这个部分，即补偿所消耗的生产资料价格和所使用的劳动力价格部分，只是补偿商品使资本家自身耗费的东西，对资本家来说这就是商品的成本价格。"从成本的经济性质上可以看出，成本是生产商品的价值中物化劳动价值和活劳动价值的货币表现。

2. 成本的构成内容

我国产品成本采用制造成本法，是将管理费用、销售费用、财务费用作为期间费用直接计入当期损益，将车间经费作为制造费用和生产产品所发生的原材料、燃料和动力、工资薪酬一起计入产品成本。

按照我国现行《企业会计准则》和相关会计制度的规定，产品成本的开支范围应包括以下内容：

（1）为制造产品所耗用的原材料、辅助材料、外购半成品和燃料的原价及运输费、装卸费、挑选整理费、途中合理损耗等。

（2）为制造产品而耗用的动力费。

（3）企业生产单位支付给生产工人和车间管理人员的工资等职工薪酬。

（4）车间房屋建筑物和机器设备的折旧费、租赁费、修理费、低值易耗品的摊销费等。

（5）其他为组织和管理生产所发生的制造费用。

3. 成本的含义

工业企业在一定时期（如一个月）内发生的、用货币额表现的生产耗费称为生产费用。企业为生产一定种类、一定数量的产品所支出的各种生产费用的总和，就是这些产品的成本。

小提示

生产费用与产品成本的比较

生产费用和产品成本在经济内容上是一致的，都是以货币形式表现的材料费、人工费、折旧费等物化劳动和活劳动的耗费。生产费用是企业在一定时期内生产产品和提供劳务过程中发生的各种耗费。产品成本是按一定对象所归集的费用，是对象化的生产费用。

生产费用与产品成本的区别在于：生产费用与一定会计期间相联系；产品成本与一定种类和数量的产品相联系。一个企业一定时期的生产费用总额与其完工产品成本的总额不一定相等。

1.1.2 成本会计的含义及内容

1. 成本会计的含义

成本会计是以成本费用为对象的一种专业会计。成本会计主要研究物质生产部门为制造产品而发生的成本以及企业在生产经营过程中进行日常管理、销售产品和筹集资金等发生的各种期间费用。

2. 成本会计的内容

随着经济的发展和企业经营管理要求的提高，成本会计作为一种经济管理活动，其涉及的内容将越来越广泛。现代成本会计包括的主要内容有成本预测、成本决策、成本计划、成本控制、成本核算、成本分析、成本考核、成本检查。

（1）成本预测

成本预测是根据成本数据和其他有关资料，运用定量分析和定性分析的方法，对企业未来成本水平及其变动趋势做出科学估计。

（2）成本决策

成本决策是在成本预测的基础上，根据企业的具体情况，制订优化成本的各种可行性方案，并运用决策理论和方法对各种备选方案进行分析和比较，从中选择最优方案，决定应该达到的成本目标和采用的有关措施。

（3）成本计划

成本计划是在成本预测和决策的基础上，具体规定计划期内企业生产经营费用数额、各种产品的成本水平和降低任务。

（4）成本控制

成本控制是在生产经营费用的发生和产品成本的形成过程中，依据成本计划所规定的费用预算和成本标准，及时调节影响费用成本的各项因素，使各项费用的发生和产品成本的形成限制在成本计划和成本标准的范围内。

（5）成本核算

成本核算是对企业生产经营过程中所发生的各种费用和产品成本的形成而进行的会计核算。

（6）成本分析

成本分析是根据成本计划和成本核算的资料以及其他有关资料，运用一系列专门的方法，揭示影响费用发生和成本形成的各种因素，评价各个因素变化对费用预算和产品成本计划完成情况的影响程度，以挖掘企业降低成本、节约费用的潜力。

（7）成本考核

成本考核是指定期对成本计划及相关指标实际完成情况进行考查和评价。

（8）成本检查

成本检查是通过对各项生产费用和产品成本的审核，检查企业各项费用支出的合法性、合理性、真实性和成本计算的正确性。

小提示

成本会计各项具体内容的关系

成本预测是成本决策的前提，成本计划是成本决策所确定的成本目标的具体化；成本控制是对成本计划的实施进行的监督；成本核算是成本会计的基本环节，成本分析、成本考核、成本检查是实现成本决策和成本计划目标，保证成本核算资料的真实性、合理性、合法性的有效手段。

1.1.3　费用的分类

费用可以按不同的标准分类，其中最基本的是按费用的经济内容和经济用途不同进行分类。

1. 费用按经济内容不同分类

（1）外购材料：指企业为生产经营而耗用的一切从外部购进的原料及主要材料、半成品、辅助材料、包装物、修理用备件、低值易耗品等。

（2）外购燃料：指企业为生产经营而耗用的一切从外部购进的各种燃料，包括固体、液体和气体燃料。

（3）外购动力：指企业为生产经营而耗用的从外部购进的各种动力。

（4）职工薪酬：指企业为获得提供的服务而支付的各种形式的报酬和支出，包括职工工资、奖金、津贴和补贴，职工福利费，社会保险费，住房公积金，工会经费和职工教育经费，非货币性福利等。

（5）折旧费：指企业按照规定计算的固定资产折旧费。

（6）利息费用：指企业借款利息费用减去存款利息收入后的净额。

（7）税金：指企业应缴纳的各种税金，如房产税、车船使用税、印花税、土地使用税。

（8）其他费用：指不属于以上各费用的要素。

2. 费用按经济用途不同分类

计入产品的生产费用按其经济用途不同分类的项目称为产品成本项目，简称成本项目。工业企业一般应设置的成本项目有直接材料、燃料和动力、直接人工和制造费用。

（1）直接材料：指直接用于产品生产，构成产品实体的原材料费用、主要材料费用、有助于产品形成的辅助材料费用等。

（2）燃料和动力：指直接用于产品生产的各种外购和自制的燃料动力费用。

（3）直接人工：指直接参加产品生产的职工薪酬费用。

（4）制造费用：指间接用于产品生产的各种费用。

任务 1.2 成本会计的岗位职责和主要工作任务

1.2.1 成本会计岗位设置

企业要根据生产类型的特点、经营规模的大小、成本管理的要求合理设置成本会计机构。经营规模大的企业可以在会计机构中设置成本核算部门，小型企业可以设置成本会计核算岗位，负责企业的成本核算与管理。

1.2.2　成本会计岗位职责

1. 基本职责

（1）按照国家法律、法规、公司财会制度和成本管理相关规定，负责拟订企业成本核算实施细则，经上级批准后组织执行。

（2）确定各类成本定额及标准，进行相关费用的归集和分配，按成本计算对象进行成本核算。

（3）积极会同相关人员对企业重大项目、产品等进行成本预算、编制项目成本计划，提供有关的成本资料。

（4）做好相关成本资料的整理、归档工作。

2. 日常工作职责

（1）负责填制生产费用相关原始凭证，核对当期的月度计划，对预算超支部门进行检查指导，确保成本、费用计划的实现。

（2）对本月发生的各种成本费用进行估计、分配和结转。

（3）负责编制成本、费用报表、进行成本费用的分析和考核。

1.2.3　主要工作任务

1. 设置成本核算账户

（1）“生产成本——基本生产成本”账户

“生产成本——基本生产成本”账户核算企业基本生产车间生产各种产成品、自制半成品等所发生的各项费用。按成本核算对象和成本项目分别归集，属于直接材料、直接人工等直接费用，直接计入“基本生产成本”账户的借方；结转完工入库的产品或自制半成品成本时，计入该账户的贷方；期末借方余额，反映基本生产车间的在产品成本。账户应按产品品种、投产批别、生产步骤等成本计算对象分设基本生产成本明细账，并按成本项目设置专栏。

（2）“生产成本——辅助生产成本”账户

“生产成本——辅助生产成本”账户核算企业辅助生产车间为基本生产或其他管理部门提供服务而进行生产和劳务供应等所发生的各项费用。企业辅助生产车间发生的各项生产费用，应按成本核算对象和成本项目分别归集，属于直接材料、直接人工等直接费用，直接计入“辅助生产成本”账户的借方；结转完工入库的工具、模具、修理用备件等成本或分配转出劳务费用时，计入该账户的贷方；期末借方余额，反映辅助生产车间的在产品成本。

（3）“制造费用”账户

“制造费用”账户核算企业为生产产品和提供劳务而发生的各种间接费用，包括生产车间的职工薪酬、折旧费、修理费、办公费、水电费、机物料消耗、劳动保护费、季节性和修理期间的停工损失等。该科目的借方登记实际发生的制造费用；贷方登记分配转出的制造费用。除季节性生产企业外，该科目月末应无余额。

2. 根据成本账务处理程序进行成本核算与分析

成本核算账务处理的基本程序如图 1-1 所示。

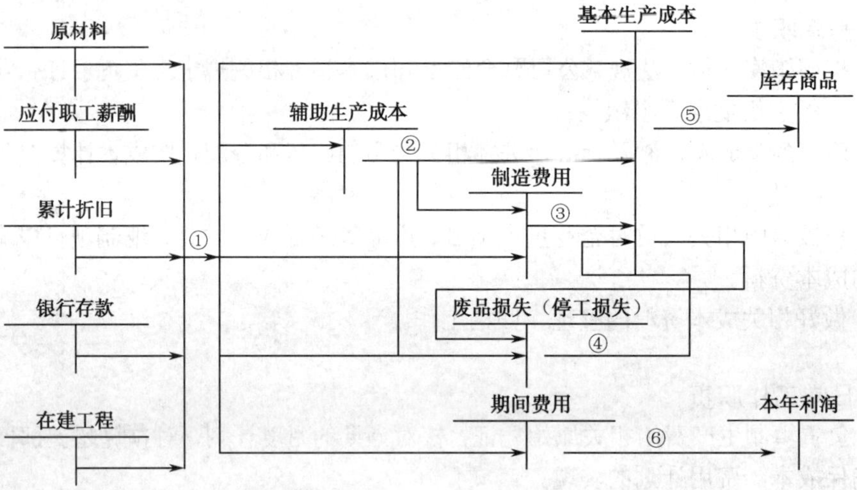

图 1-1　成本核算账务处理的基本程序

注：

① 根据原始凭证及其他有关资料编制相关费用分配表，登记有关成本费用明细账。

② 编制辅助生产费用分配表，登记有关成本费用明细账。

③ 编制制造费用分配表，登记有关基本生产成本明细账。

④ 编制生产损失分配表，结转废品损失和停工损失。

⑤ 结转完工产品成本，计入产成品成本。

⑥ 期末结转各项期间费用。

任务 1.3 企业成本核算的原则和要求

1.3.1 成本核算的一般原则

为了提供管理上需要的资料，提高成本核算质量。充分发挥成本会计的职能，完成成本会计的主要工作任务，成本核算必须遵循以下成本核算原则。

1. 成本分期核算原则

企业生产经营活动在不断地进行着，为了取得一定期间所生产产品的成本，企业必须将生产经营期划分为若干个相等的成本会计期间，按期计算产品生产成本。成本费用的归集、汇总与分配都是按月进行的，产成品成本的计算期与生产类型相关，可能与生产周期一致，但与成本计算期不一定一致。

2．合法性原则

合法性原则是指计入成本的费用必须符合党和国家的方针、政策和制度的规定。如制度规定：购置和建造固定资产的支出、购入无形资产的支出、对外投资的支出，被没收的财物和各项罚款性质的支出、捐赠和赞助性质支出等不能列入成本开支，以保证成本指标的合法性。

3．一致性原则

一致性原则是指会计实体在各个会计期间所应用的符合会计准则的会计处理方法必须前后一致，不得随意变动，使各期成本资料有一个统一的口径，以便分析比较与考核。例如，耗用材料成本的计价方法，辅助生产费用和制造费用的分配方法，产成品成本的计算方法等。

小提示

一致性原则不是说成本核算方法固定不变，当原方法不适用，采用新方法会更有效地取得正确、有用的成本资料时，企业可以采用新方法，但必须在成本报表的附注中说明改变原有方法的原因。

4．合理分配费用原则

所谓合理，是指在间接费用分配标准的选择上，应选择与所分配费用的高低关系最密切的分配标准，以便尽可能减少主观因素的影响，保持分配方法的合理性。例如，外购材料、外购燃料费用分配的实际消耗量比例法、定额消耗量比例法；制造费用分配的生产工人工资比例法、生产工人工时比例法；辅助生产费用的分配方法；生产费用在完工产品与在产品之间的分配方法等，都要体现合理分配原则。

5．划分资本性支出和收益性支出原则

资本性支出是指某项支出的发生与取得若干期收益有关或者不是单为取得本期收益而发生的支出，如固定资产的购置支出。收益性支出是指某项支出的发生是为了取得本期收益有关，如原材料的消耗、直接人工费用、车间经费等支出。

资产的资本性支出，要在使用过程中逐渐转入成本费用，收益性支出计入当期产品成本或期间费用。如果将资本性支出列入收益性支出，其结果必然少计资产价值，多计当期成本费用。反之，则可能多计资产价值，少计当期的成本费用。无论何种情况，对正确进行产品成本计算将产生不利影响。

6．实际成本计价原则

实际成本计价也称历史成本计价，是指各项财产物资应按照取得或构建时发生的实际成本入账，并在财务中按实际成本反映。

成本核算按实际成本计价包括两个方面的含义：

（1）对生产耗用的原材料、燃料、动力和折旧等费用，都必须按实际成本计价；

（2）对完工产品成本的结转也要按实际成本进行计价。

小提示

原材料、燃料也可以按计划成本计价，但在计入产品成本时，需将计划成本调整为实际成本。

7．重要性原则

重要性原则是指对成本有重要影响的内容和项目，要作为重点单独设立项目进行核算和反映；对于次要的内容和项目要简化核算与合并反映。例如，构成产品实体或主要成分的原材料、生产工人的工资要直接计入产品成本中“直接材料”、“直接人工”项目单独反映；对于一般性耗用数额不大的材料费用计入制造费用或管理费用在综合项目中合并反映。

1.3.2 企业成本核算的要求

1．审核和控制费用，做到算管结合，算为管用

企业管理的主要目的就是降低成本和费用，提高经济效益。因此，成本核算与管理相结合，就是要根据企业管理的要求组织成本核算，应当做好以下工作。

（1）审核和控制企业的各项费用

根据国家规定的法规和制度，企业的成本计划和制定的各项消耗定额，对企业的各项费用进行三个方面的审核，即是否符合开支范围，是否符合生产经营管理费用开支范围，是否符合产品成本开支范围。对于不合法、不合理、不利于提高经济效益的开支要进行制止；对于已经造成的损失和浪费要采取措施，追究责任；对于定额或计划不符合实际情况产生的差异，应该按照规定程序修订定额计划。

（2）准确及时地归集生产经营管理费用

对于生产经营过程中发生的各项生产经营费用，应该分别进行归集。对于生产费用应该按产品进行归集，计算产品成本，对产品成本要定期分析和考核，挖掘企业降低成本的潜力。

2．正确划分各种成本费用界限

（1）正确划分计入成本费用的界限

在企业生产经营过程中，用于产品生产和销售，用于组织和管理生产经营活动以及用于筹集生产经营资金的各种耗费，与当期收益有关的支出，应计入成本费用；对于资本性支出或不是企业日常生产经营活动所发生的支出，不应计入成本费用。企业应严格遵守成本开支范围，认真执行成本开支的有关规定。

企业发生的下列支出，不应计入成本费用：①购置和建造固定资产的支出，购入无形资产和其他资产的支出；②对外界的投资以及分配给投资者的利润；③被没收的财物以及违反法律支付的各项滞纳金、罚款；④企业自愿赞助、捐赠的支出；⑤在公积金中开支的支出；⑥国家法律、法规规定以外的各种付费；⑦国家规定不得列入成本的其他支出。

（2）正确划分产品制造成本与期间费用的界限

产品制造成本是指企业为制造产品在生产过程中所消耗的原材料、工资和制造费用。期间费用是指在会计期间内为企业提供一定生产条件，为保证产品生产销售能力而发生的费用，如管理费用、销售费用、财务费用。期间费用不计入产品成本，应从当期收入中得到补偿。应该准确划分产品制造费用和期间费用的界限，防止随意调节各期产品成本和各期损益的错误做法。

小提示

制造企业的支出、费用和产品成本之间的关系，如图 1-2 所示。

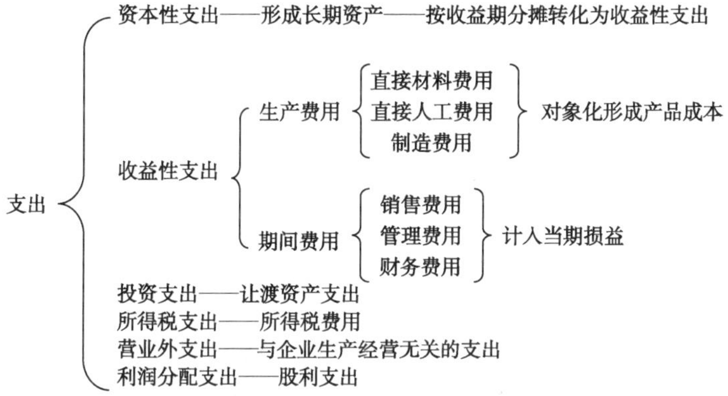

图 1-2　支出、费用与产品成本关系

（3）正确划分各个会计期间的费用界限

《企业会计准则》规定“会计核算应当以权责发生制为基础”，按照权责发生制原则划分各个会计期间的费用界限，可以从时间上正确反映产品成本和期间费用的水平，便于分析、比较、考核企业生产经营费用计划和产品成本计划的完成情况。

（4）正确划分不同产品成本的界限

为了正确反映和监督成本计划的完成情况，企业应该按照成本计算对象分别计算产品成本。由某种产品负担的生产费用应该直接计入该产品成本；由几种产品共同负担的生产费用，需要采用科学、合理、简便的分配方法，分配计入各种产品的成本。另外，必须注意划分可比产品成本与不可比产品成本的界限，不得为虚假完成可比产品成本降低任务，而将可比产品成本计入不可比产品成本。

（5）正确划分在产品和产成品成本的界限

产品生产周期与会计核算周期的不一致，往往导致企业月末有在产品。因此，计算产品成本时，必须将本期生产费用在产成品与月末在产品之间采用适当的方法予以分配，分别计算完工产品和月末在产品成本。应该防止任意提高或降低月末在产品成本，人为调节完工产品成本的错误做法。

小提示

月初在产品成本、本期生产费用、本期完工产品成本和期末在产品成本四者之间的关系

如下：

期初在产品成本+本期生产费用＝本期完工产品成本+期末在产品成本

3．做好成本核算的基础工作

（1）健全原始记录

原始记录是按照规定的格式，对企业生产、技术经济活动的具体事实所做的最初书面记载。它是进行各项核算的前提条件，是编制费用预算、严格控制成本费用支出的重要依据。成本核算有关的原始记录主要包括以下内容：

① 反映生产经营过程中的物化劳动消耗的原始记录。

② 反映活劳动消耗的原始记录。

③ 反映在生产经营过程中发生的各种费用支出的原始记录。

④ 其他原始记录。

小提示

原始记录是一切核算的基础。原始记录必须真实正确、内容完整、手续齐全、要素完备，以便为成本计算、控制、预测和决策提供客观的依据。

（2）健全存货的计量、验收、领退和盘点制度

为了进行成本管理和成本核算，还必须对材料物资收发、领退和结存进行计量，建立和健全材料物资的计量、收发、领退和盘点制度。库存的材料、半成品和产成品，以及车间的在产品和半成品，均应按照规定进行盘点、清查，防止丢失、积压、损坏变质和被贪污盗用。

（3）制定各项消耗定额

定额是企业在生产经营活动中，对人力、物力、财力的配备、利用和消耗等方面所应遵循的标准和应达到的水平。制定先进可行的各种消耗定额，并按制定的各项费用定额编制车间、部门的成本计划和费用预算，用以控制各项实际消耗，是促进企业增产节约、降低成本的重要措施。

小提示

企业制定的主要定额有物资消耗定额、设备利用定额、劳动定额、费用支出定额等。定额的制定应先进合理且容易达到，以便调动职工执行定额的积极性。

（4）制定企业内部的结算价格

在生产经营过程中，企业内部各单位之间会相互提供半成品、材料、劳务等，为了分清企业内部各单位的经济责任，明确各单位工作业绩以及总体评价与考核的需要，应制定企业内部结算价格。

小提示

制定结算价格的主要依据如下：

① 可以以当时的市场价格作为内部结算价格；也可以以市场价格为基础，双方协商定价。

② 可以用标准成本或计划成本作为内部结算价格。

③ 在原有成本的基础上，加上合理的利润作为内部的结算价格。

除上述计价方法外，企业也可以根据生产管理要求，结合具体情况来确定合理的结算价格进行结算。

4. 采用适当的成本计算方法

产品生产组织和生产工艺特点及管理的不同要求，是影响产品成本计算方法选择的重要因素。成本计算方法选择的合理与否，将直接影响产品成本计算的准确性。因此，企业必须根据各种类型的生产特点以及与其相联系的管理要求，以便确定计算产品成本的具体方法。

任务 1.4 产品成本计算方法概述

1.4.1 企业的生产类型

1. 按生产工艺过程的特点分类

产品生产工艺过程是指产品从投料到完工的生产工艺、加工制造的过程。按照生产工艺过程的特点，企业的生产类型可分为单步骤生产和多步骤生产。

（1）单步骤生产

单步骤生产也称简单生产，是指生产工艺过程不能间断或不能分散在不同地点进行的生产。单步骤生产企业的产品生产周期较短、工艺较简单，如采掘、发电、铸造等企业的生产。

（2）多步骤生产

多步骤生产也称复杂生产，是指产品的生产工艺过程由若干可以间断的生产步骤所组成的生产。多步骤生产企业的产品生产周期较长、工艺较复杂。多步骤按产品的加工方式不同又分为连续式多步骤生产和装配式多步骤生产两种。

连续式多步骤生产，指以原材料投入生产后，要经过若干个连续的加工工序，前一个加工工序所完成的半成品是下一个加工工序的加工对象，如此加工到最后一个生产工序制造成产品，如纺织、冶金、水泥、造纸等企业的生产。连续式多步骤生产流程如图 1-3 所示。

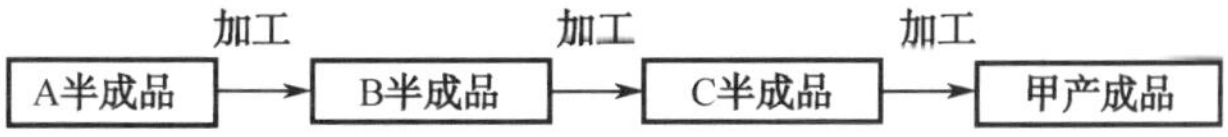

图 1-3　连续式多步骤生产流程

装配式多步骤生产也称平行加工式生产，是指各个生产步骤可以在不同地点和不同时间将各种原材料分别经过加工制成各种零件、部件、半成品，然后将零件、部件、半成品装配成产品。例如，仪表、造船、自行车、家用电器等企业的生产。装配式多步骤生产流程如图 1-4 所示。

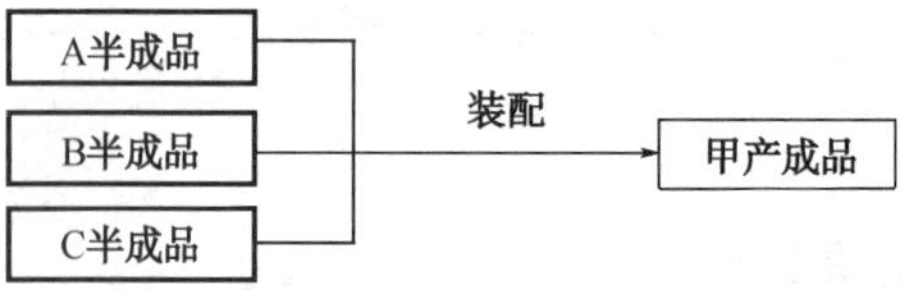

图 1-4　装配式多步骤生产流程

2．按企业生产组织的特点分类

所谓生产组织，是指保证生产过程各个环节、各个因素相互协调的生产工作方式，它体现着企业生产专业化和生产过程重复程度的高低。按照生产组织的特点，企业的生产类型可分为大量生产、成批生产和单件生产。

（1）大量生产

大量生产是指不断重复生产相同一种或几种产品的生产。该种生产组织产品的品种较少，而且比较稳定，如采掘、纺织、发电等企业的生产。

（2）成批生产

成批生产是指按照事先规定的产品批别和数量，或者根据订货者的需要，分批进行一定种类产品的生产。从事该种生产的企业，产品的品种较多，且具有一定重复性和周期性，如服装、机械等企业的生产。成批生产按照产品批量的大小又可分为大批生产和小批生产。

（3）单件生产

单件生产是指根据订货单位的要求，生产个别的、特定品种和规格的产品，如重型机器制造、船舶和专用设备的制造等企业的生产。从事该种生产的企业产品种类较多并且重复很少。

1.4.2　产品成本计算的基本方法

为了适应各种类型生产的特点和管理要求，产品成本计算形成不同的产品成本计算对象：产品的品种、产品的批别、产品的生产步骤。由此形成品种法、分批法、分步法 3 种基本产品成本计算方法。

1．品种法

品种法是指按照产品的品种作为成本计算对象来归集生产费用，计算产品成本的方法。适用于大量大批单步骤生产的企业，如发电、采掘等企业，也适用于管理上不要求分步骤计算成本的大量大批多步骤生产的企业，如水泥企业。

2．分批法

分批法是指按照产品的批别作为成本计算对象，归集生产费用，计算产品成本的方法。适用于单件小批单步骤生产和管理上不要求分步骤计算成本的单件小批多步骤生产的企业，如机械、船舶制造等企业。

3. 分步法

分步法是指按照产品的品种及其产品所经过的生产步骤作为成本计算对象归集生产费用，来计算产品成本的方法。用于管理上要求分步骤计算产品成本的多步骤生产的企业，如纺织、冶金企业等。

小提示

各种产品成本计算方法的基本特点，如表 1-1 所示。

表 1-1　产品成本计算方法

	生产特点	生产工艺过程和成本管理要求	成本计算期	成本计算对象	适用企业
品种法	大量大批简单生产、大量大批装配式多步骤生产	管理上不要求分步也不要求分批计算产品成本	每月末定期计算成本	产品品种	发电、采掘、化肥、水泥、供水、面粉、砖瓦、食糖等
分批法	单件小批单步骤生产、单件小批多步骤生产	管理上不要求分步，但要求分批计算产品成本	不定期而按完工月份计算成本	产品批别或订单、件别	船舶、重型机械、专用设备、试制新产品、服装、家具、修理作业、塑料制品等
分步法	大量大批连续式多步骤生产	管理上要求分步计算产品成本	每月末定期计算成本	各步骤的半成品和产成品	冶金、纺织、汽车、自行车、造纸、化工、钢铁生产等

1.4.3　产品成本计算的辅助方法

为了满足特定的管理需要，在成本计算基本方法的基础上同时采用其他辅助成本计算方法，如分类法、定额法等。

1. 分类法

分类法是以产品类别为成本计算对象，归集生产费用，计算各类产品成本，然后按照一定的标准在同一类产品内计算各种产品成本的方法。分类法适用于产品的品种和规格繁多，但每种产品的结构和所用的原材料生产工艺过程基本相同的企业。

2. 定额法

定额法是指以产品定额成本为基础，加上（或减去）脱离定额差异和定额变动差异，来计算产品成本的一种方法。它适用于定额管理制度比较健全、定额管理基础工作较好、产品生产定型、消耗定额合理且稳定的企业。

知识延伸阅读

成本会计的发展历史

成本会计起源可以追溯到工业革命时期，那时由于意大利、英国、德国等国商业的发展，许多人建立了独资和合伙企业，开始从事毛织品生产、书籍印刷、钱币铸造和其他行业。随着工厂制度的出现，成本会计应运而生。早在英国亨利7世纪时期（1485—1509年），一大批小毛纺织商由于不满各行会的种种限制，从城市转向乡村，建立工业群体，希望通过行会以外的其他渠道推销自己的产成品。当时他们的生产和销售活动处于垄断行会的控制之下，没有实行成本核算的必要。后来许多商号、小型工厂主发现，不仅自己与各行会之间存在着竞争，而且他们内部也存在着竞争，于是，准确的成本记录变得必不可少，甚至成为成功的先决条件，这些刺激并推动了成本会计的发展。

项目测试题

一、单选题

1．工业企业产品成本是指（　　）。

A．生产费用、销售费用、管理费用、财务费用之和

B．生产一定种类、一定数量的产品所支出的各种生产费用之和

C．生产费用与管理费用之和

D．生产费用与管理费用、财务费用之和

2．正确计算产品成本，应做好的基础工作是（　　）。

A．正确划分各种费用界限　　B．确定成本计算对象

C．建立健全原始记录工作　　D．确定成本项目

3．下列各项中，属于产品生产成本项目的是（　　）。

A．外购材料　　B．直接人工　　C．折旧费　　D．利息费用

4．财产物资的计价和价值结转方法一经确定，要（　　）。

A．保持绝对稳定　　B．保持相对稳定

C．可以任意改变　　D．可用来随时调整产品成本

5．下列各项中，属于间接生产费用的是（　　）。

A．生产工人工资　　B．机器设备耗用电费

C．机器设备折旧费用　　D．车间厂房折旧费用

6．产品成本项目由（　　）。

A．企业根据生产特点和管理要求自行确定

B．国家统一规定

C．根据财政部发布的《国营工业企业成本核算办法》规定

D．由企业主管部门分别统一规定

7．下列支出属于资本性支出的是（　　）。

A．购入原材料支付的运杂费　　B．支付的产品销售费用

C．购进产品生产线的价款　　D．支付给生产工人的工资

8．下列各项中，属于产品生产成本项目的是（　　）。

A．外购材料　　B．直接人工　　C．废品损失　　D．利息费用

9．将企业生产经营中所发生的全部生产费用对象化，计入产品成本的成本计算方法是（　　）。

A．制造成本法　　B．作业成本法　　C．标准成本法　　D．全部成本法

10．成本会计工作的核心是（　　）。

A．成本预测　　B．成本核算　　C．成本分析　　D．成本决策

二、多选题

1．为了正确计算产品成本，必须划分（　　）方面的费用界限。

A．存货成本与期间费用的界限　　B．各种产品

C．各个会计期间　　D．完工产品与在产品

2．工业企业费用的三大要素为（　　）。

A．物质消耗中的劳动对象方向费用　　B．物质消耗中的活劳动的耗费

C．物质消耗中的劳动手段方向的费用　　D．非物质消耗，即活劳动方向费用

3．下列不计入生产经营管理费用的有（　　）。

A．企业购置和建造固定资产，购买无形资产

B．企业对外投资

C．企业的固定资产盘亏损失，报废清理损失

D．由于自然灾害造成的停工损失

E．非正常原因造成的停工损失

4．属于间接生产费用的有（　　）。

A．管理费用　　B．财务费用

C．车间机物料消耗　　D．分厂辅助工人工资

5．下列各项中，属于直接计入费用的有（　　）。

A．几种产品共同耗用的原材料费用

B．一种产品所发生的生产工人工资

C．几种产品共同负担的机器设备折旧费

D．一种产品负担的制造费用

三、判断题

1．成本项目的设置，应根据企业的生产特点和管理的要求来决定。（　　）

2．产品成本是指企业在一定时期内发生的、用货币表现的生产耗费。（　　）

3．对于工业企业生产经营的费用进行合理的分类，其中最基本的方法是按照费用的经济内容和经济用途划分。（　　）

4．生产费用是某一时期内实际发生的生产费用，产品成本则反映某一时期某种产品所应负担的费用。（　　）

5．成本是综合反映企业工作质量的重要指标，是制定产品价格的重要依据。（　　）

四、简答题

1．什么是成本的概念及分类？

2．什么是成本会计的概念及内容？

3．简述成本核算的原则与要求。

4．简述企业的生产类型及成本主要计算方法。

中篇

学一学，如何进行费用的归集与分配

- 项目 2　材料费用的归集与分配
- 项目 3　职工薪金费用的归集与分配
- 项目 4　其他费用的归集与分配
- 项目 5　辅助生产费用的归集与分配
- 项目 6　制造费用的归集与分配
- 项目 7　生产损失的核算
- 项目 8　生产费用在完工产品与在产品之间的分配和归集

项目 2

材料费用的归集与分配

职业行动能力

- ◆ 认识材料发出的各种原始凭证。
- ◆ 学会使用 Excel 软件进行材料凭证表格的编制。
- ◆ 能够登记生产成本和制造费用明细账。

学习任务目标

- ◆ 了解材料费用的含义和构成内容。
- ◆ 掌握材料发出成本的确定方法。
- ◆ 对间接材料费用会采用一定的方法进行分配。

任务导入

一、案例资料

张亮是荣明公司新聘请的材料核算会计，本公司购进 A 材料用于生产甲、乙、丙三种产品。20××年 3 月份甲、乙、丙产品及各部门消耗 A 材料情况如表 2-1 所示。

表 2-1 甲、乙、丙产品及各部门消耗 A 材料情况表

产品名称	成本或费用项目	耗用材料间接计入		耗用材料直接计入	合 计
		（千克）	（元）	（元）	
甲产品	直接材料	1 500		1 000	
乙产品	直接材料	2 500		2 500	
丙产品	直接材料	3 750		3 000	
	小计	7 750	15 500	6 500	22 000
生产车间	机物料			3 000	3 000
管理部门	材料费			1 500	1 500
	合计	7 750	15 500	11 000	26 500

二、讨论题

1. 根据表 2-1 张亮如何对甲、乙、丙三种产品共同耗用的 A 材料进行分配？
2. 根据表 2-1 张亮如何进行材料费用分配的账务处理？

任务 2.1 材料费用的归集

2.1.1 相关知识

1. 材料费用的含义与分类

材料费用是指企业在生产或提供劳务过程中消耗的材料或物料等发生的费用，材料包括各种原料及主要材料、辅助材料、外购零部件、自制半成品、修理用备件、燃料、低值易耗品和包装物等。

材料费用是构成产品实体的重要组成部分或有助于产品实体形成，经过一个生产周期后，被全部消耗或改变其原有实物形态，材料费用应按其发生地和用途进行归集，然后再采用适当的方法进行分配。

2. 外购材料采购成本的构成

外购材料的实际采购成本由以下几个部分构成：买价，即购货发票注明的货款金额；采购费用，即采购过程中发生的运杂费、运输途中的合理损耗、入库前的挑选整理费用等。

3. 材料发出原始凭证的填制

（1）领料单是指仅供一次使用的领发料凭证。其格式如表 2-2 所示。

表 2-2　领 料 单

领料部门：

材料类别	材料编号	材料名称	规格	单位	请领数量	实发数量	单价（元）	金额（元）
用途			备注			合计		

生产部门负责人：　　　　　　　　　领料人：　　　　　　　　　发料人：

领料单一般一式三联，一联留领料单位，一联由仓库登记材料明细账，一联交财会部门用来进行材料发出的核算。

（2）限额领料单是指可以多次使用的领发料累计凭证。其格式如表 2-3 所示。

表 2-3　限额领料单

领料部门：

发料仓库：

材料类别	编号	材料名称	规格	计量单位	全月领用限额	全月实发数量	单价（元）	金额（元）	备注
领料日期	请领数量		实发数量		累计数量	领料人签字		发料人签章	

供应部门负责人：　　　　　　　　　　　　　　　　生产部门负责人：

小提示

限额领料单一般一式三联，一联由供应或生产部门留存，一联交材料领用单位用于领料，一联由材料仓库保管据以发料。

（3）领料登记表是指在一定时期内（一般一个月）可以多次使用的领发料累计凭证。其格式如表 2-4 所示。

表 2-4　领料登记表

领料部门：

材料类别	材料编号	材料名称	规　　格	计量单位
日期	领用数量	累计领用数量	领料人	发料人
材料单价		合计金额		

小提示

领料登记表一般一式三联，领料时由领料人在该表上签收，月末汇总后，仓库自留一联，一联交领料部门，一联交财会部门入账。

（4）退料单是指领料部门将已领未用的多余材料予以退回的凭证。其格式如表 2-5 所示。

表 2-5　退料单

退料部门：

材料类别	材料编号	材料名称	规　格	计量单位	数 量	单 价	金 额
退料原因							

生产部门负责人：　　　　退料人：　　　　收料人：

小提示

退料单一般一式三联，一联留退料部门，作为退料依据；仓库留下一联，作为收料的依据；一联交财会部门入账。

4．材料发出数量的确定

（1）永续盘存制下材料发出数量的确定

永续盘存制是指根据材料日常收入、发出的有关凭证，按其数量在材料明细账中逐笔登记，以实际发出数量作为消耗量的一种方法。

（2）实地盘存制下材料发出数量的确定

实地盘存制是指在收入材料时在材料明细账上登记，发出材料时不在材料明细账上登记，期末根据实际盘存数，倒算出本期发出材料数量的一种方法。

本期材料耗用量=期初结存量+本期收入量-期末结存量

小提示

盘存方法的比较如表 2-6 所示：

表 2-6　盘存方法比较

方法比较	永续盘存制	实地盘存制
特点	可以随时根据账面记录算出每一种材料的收入、发出、结存数量。永续盘存制是材料消耗量计量的基本方法	平时只逐笔登记增加数，不登记减少数，期末根据实地盘点的实存数倒挤出本期的减少数。非特殊情况，一般不采用实地盘存制
优点	核算手续严密，能保证企业财产的安全、完整，同时有利于材料实物的管理。	核算工作较为简便，不会产生账存数与实存数不一致的情况
缺点	工作量较大 ，有时可能会产生账存数与实存数不一致的情况	手续不严密，将本期毁损、丢失和其他损失也作为本期发出材料数量，不利于加强材料实物管理和成本核算
适用	在实际工作中，除少数特殊情况外，一般都应该采用永续盘存制	在领用时不便随时办理领用手续的大宗材料或单位价值较低的材料

5．材料发出成本的确定

（1）计划成本法下材料成本的确定

计划成本法是指每一种材料的收发结存量，都按预先确定的计划成本计价，期末计算材料成本差异率，以确定发出材料应分担的成本差异，将发出材料的计划成本调整为实际成本的一种方法。

本月材料成本差异率=（月初结存材料的成本差异+本月收入材料的成本差异）÷（月初结存材料的计划成本+本月收入材料的计划成本）

本月发出材料应负担的成本差异=本月发出材料的计划成本×本月材料成本差异率

本月发出材料的实际成本=本月发出材料的计划成本+本月发出材料应负担的成本差异

小提示

计划单位成本制定应尽可能接近实际成本，原则上应一年制定一次，无特殊情况在年度内不作变动。

（2）实际成本法下材料成本的确定

材料按实际成本计价是指按其在采购（自制）过程中发生的实际成本计价。材料每次购入的价格不同，材料发出的成本的确定，可以采用先进先出法、全月一次加权平均法、移动加权平均法和个别计价法 4 种方法。

小提示

按照《企业会计准则》的一致性原则要求，企业一旦采用实际成本计价方法中的某种计价方法后，就不能随意改变，如需要改变在财务报告附注中要予以说明。

知识延伸阅读

存货实际成本计价方法的比较

采用全月一次加权平均法本期销货成本介于早期购货成本与当期购货成本之间，这种方法因计算的销售成本不易被操纵而被广泛采用。但这种方法的计算，会使当期销售利润大于与当期实际进货成本配比得到的销售利润，计算得到的销售成本既不能与当期销售利润配比，也不能完全消除通货膨胀的影响，损害前后两个会计期间会计信息的真实性。

个别计价法由于在实际操作中工作繁重、成本较高，对大多数存货品种来说都不实用。先进先出法是以先购进的存货先发出的流转假设为前提，对发出存货进行计价的一种方法。在先进先出法下，发出存货较接近于最近购货成本，在通货膨胀条件下，销售成本偏低，利润虚增。

2.1.2 实际操作

学中做

蓝天公司 6 月份月初结存材料的计划成本为 20 000 元，实际成本为 22 000 元。本月收入材料的计划成本为 185 000 元，实际成本为 180 000 元。本月发出材料的计划成本为 160 000

元，计算本月发出材料的实际成本。

【解析】

月初结存材料的成本差异=22 000−20 000=2 000（元/千克）

本月收入材料的成本差异=182 000−185 000=−3 000（元）

本月材料成本差异率= (2 000−3 000) ÷ (20 000+185 000)×100%≈−0.5%

本月发出材料应负担的成本差异=160 000×(−0.5%)=−800（元）

本月发出材料的实际成本=160 000+(−800)=159 200（元）

上式中的材料成本差异计算结果若为正数，表示的是超支额；若为负数，表示的是节约额。

2.1.3 职业技能训练

项目 2 任务 2.1 职业技能训练安排，如表 2-7 所示。

表 2-7 项目 2 任务 2.1 职业技能训练安排

技能要求	如何填写材料发出的原始凭证及设计材料核算程序
技能目标	通过填写材料发出的相关凭证，让学生实际感受材料发出的流程及凭证填写的内容，加深课堂学习的知识，增强学生的职业技能
技能内容	1．案例分析：设计 3～5 种相关案例通过案例分析，让学生能够根据每个企业具体情况设计出企业收入材料核算程序 2．让学生运用 Excel 软件进行材料凭证表格的编制
技能组织	1．在计算机房进行教学活动，要求每个学生进行 Excel 表格的填制 2．将学生分成几个小组，对选择一个案例进行分析后，在班级组织一次交流，每组推荐一名成员作汇报
技能考核	1．要求每组学生选择一个案例进行情况分析后，写出报告或小结 2．教师评阅后，根据所交材料与交流中的表现进行评估打分

任务 2.2 材料费用的分配

2.2.1 相关知识

1．材料费用分配的对象

材料费用构成产品实体并能直接确定归属对象的，应直接计入各产品成本明细账的“直接材料”成本项目中；对于几种产品共同耗费的间接材料费用，应选择适当的分配标准分配后计入各产品成本明细账的“直接材料”成本项目中。

对于基本生产车间、辅助生产车间、管理部门、销售部门、在建工程等发生的辅助材料或是机物料消耗等费用，按发生地点归集分别计入相关账户。

2．材料费用分配标准选择的原则

（1）相关性：是指选择的标准与费用的发生有较密切的关系，做到多耗用多负担，少耗用少负担的原则。

（2）易得性：是指分配标准的材料应该容易取得，分配的过程容易操作。

3．材料费用的分配标准

原材料费用的分配标准很多，一般按产品的重量、体积、产量进行分配，在材料消耗定额比较准确的情况下，可以按材料定额消耗量或按材料定额成本比例进行分配。

（1）重量比例分配法

重量比例分配法是以重量为分配标准进行分配原材料费用的方法。计算公式如下：

$$原材料费用分配率=\frac{各种产品共同耗用的材料费用}{各种产品的重量之和}$$

某种产品应分配的材料费用=该产品的总重量×原材料费用分配率

小提示

产量比例分配法和体积比例分配法可参照重量比例分配法进行分配。

（2）定额耗用量比例分配法

定额消耗量比例分配法是以定额消耗量为分配标准进行分配原材料费用的方法。计算公式如下：

某种产品材料定额消耗量=该种产品实际产量×单位产品材料消耗定额

$$材料定额消耗量分配率=\frac{材料实际总消耗量}{\Sigma 各产品材料定额消耗量}$$

某产品应分配的材料数量=该产品的材料定额消耗量×材料消耗量分配率

某种产品应分配的材料费用=该产品应分配的材料数量×材料单价

小提示

原材料消耗定额是指单位产品可以消耗的数量限额。

定额消耗量是指在一定产量下按原材料消耗定额计算的可以消耗的数量。

（3）定额成本比例分配法

定额成本比例分配法是以原材料的定额成本为分配标准进行分配的方法。计算公式如下：

原材料定额成本总额=Σ（某种产品产量×单位消耗量×计划单价）

$$原材料费用分配率=\frac{材料实际总消耗量\times 材料单价}{原材料定额成本总额}$$

某种产品应分配的原材料费用=该种产品原材料定额成本×原材料费用分配率

小提示

实际工作中材料费用的分配是在原材料费用分配表中进行的。其格式如表 2-8 所示。

表 2-8　原材料费用分配表

产品名称	产　量	单位消耗定额	定额消耗量	分配率	分配额
甲产品					
乙产品					
合计					

4．材料费用分配汇总表的编制及账务处理

（1）实际成本法下的材料费用分配表的编制及账务处理

材料采用实际成本计价，在编制材料费用分配汇总表时，可以根据领料凭证上的实际成本填列，若有退料凭证，则应将其金额从相关的领料凭证中扣除。实际成本计价的材料费用汇总表，如表 2-9 所示。

表 2-9　材料费用分配汇总表（按实际成本计价）

20××年×月×日

应借账户		成本（费用）项目	直接计入	分配计入			合计
基本生产成本	甲产品	原材料					
	乙产品	原材料					
	小计						
辅助生产成本	供电车间	原材料					
	供水车间	原材料					
	小计						
制造费用							
销售费用							
管理费用							
在建工程							
合计							

根据材料费用汇总表，编制会计分录如下：

借：基本生产成本——甲产品

　　　　　　　　——乙产品

　　辅助生产成本——供电车间

　　　　　　　　——供水车间

　　制造费用

　　销售费用

　　管理费用

在建工程
贷：原材料

小提示

对于直接用于产品生产的原材料费用，应计入“生产成本——基本生产成本”账户；对于辅助生产的原材料费用，应计入“生产成本——辅助生产成本”账户；对于基本生产车间管理耗用的原材料费用，应计入“制造费用”账户；对于厂部管理耗用的原材料费用，应计入“管理费用”账户；对于产品销售耗用的原材料费用，应计入“销售费用”账户；对于在建工程耗用的原材料费用，应计入“在建工程”账户。

（2）计划成本法下的材料费用分配表的编制及账务处理

材料按计划成本计价时，材料费用汇总表除了要设置“计划成本”栏外，还要设“差异率”和“差异额”栏。计划成本计价的材料费用汇总表，如表 2-10 所示。

表 2-10　材料费用分配汇总表（按计划成本计价）

20××年×月×日

应借账户		成本费用	直接计入计划成本	分配计入计划成本			计划成本	差异率	差异额	实际成本
				定额消耗量	分配率	分配金额				
①		②	③	④	⑤	⑥=④×⑤	⑦=③+⑥	⑧	⑨=⑦×⑧	⑩=⑦+⑨
基本生产成本	甲产品	原材料								
	乙产品	原材料								
	小计									
辅助生产成本	供电车间	原材料								
	供水车间	原材料								
	小计									
制造费用										
销售费用										
管理费用										
在建工程										
合计										

根据材料费用汇总表，编制会计分录如下：

① 分配各部门耗用材料的计划成本

借：基本生产成本——甲产品
　　　　　　　　——乙产品
　　辅助生产成本——供电车间
　　　　　　　　——供水车间
　　制造费用
　　销售费用
　　管理费用
　　在建工程

贷：原材料

② 调整发出材料节约（金额用红字）的成本差异

借：基本生产成本——甲产品

——乙产品

辅助生产成本——供电车间

——供水车间

制造费用

销售费用

管理费用

在建工程

贷：材料成本差异

（3）调整发出材料超支（金额用蓝字）的成本差异

借：基本生产成本——甲产品

——乙产品

辅助生产成本——供电车间

——供水车间

制造费用

销售费用

管理费用

在建工程

贷：材料成本差异

知识延伸阅读

材料发出按实际成本计价和计划成本计价的选择

实际成本计价方法，可以比较准确地核算产品成本中的材料费用和材料资金的实际占用。但在材料收发业务频繁的情况下，材料的计价工作比较繁重，不能从账上反映材料采购业务是节约还是超支。因此，该方法通常适用于材料品种较少、收发次数不多的企业。

采用计划成本核算方法的，一般适用于存货品种繁多、收发频繁的企业，如大中型企业中的各种原材料、低值易耗品等。自制半成品、产成品品种繁多的，或者在管理上需要分别核算其计划成本和成本差异的，也可采用计划成本核算。

对存货日常核算采用何种方法，由企业根据实际情况自行确定，但前提是要遵守前后一致的原则。在采用实际成本进行核算时，对于发出存货的实际成本的计算方法，以及在采用计划成本进行核算时，对于成本差异的分摊方法，一经确定之后一般不应变更。

5．材料费用相关账簿的登记

根据材料费用汇总表进行账务处理后，要根据记账凭证的分录内容登记“生产成本——基本生产成本”、“生产成本——辅助生产成本”、“制造费用”等相关账簿。主要账簿格式如表 2-11～表 2-13 所示。

表 2-11　生产成本——基本生产成本明细账

车间：　　　　　　　　　　　　　　　产品：　　　　　　　　　　　　　　单位：元

年		凭证字号	摘 要	直接材料	直接人工	制造费用	废品损失	发生额		合计
月	日							借方	贷方	

表 2-12　生产成本——辅助生产成本明细账

车间：　　　　　　　　　　　　　　　　　　　　　　　　　　　　　　　单位：元

年		凭证字号	摘要	职工薪酬费用	机物料消耗	折旧费	水电费	修理费	低值易耗	其他	合计
月	日										

表 2-13　制造费用明细账

车间：　　　　　　　　　　　　　　　　　　　　　　　　　　　　　　　单位：元

年		凭证字号	摘 要	职工薪酬费用	机物料消耗	折旧费	水电费	修理费	低值易耗	其 他	合计
月	日										

2.2.2　实际操作

学中做

1．根据案例材料（见表 2-1），采用重量比例分配法对共同耗用材料进行分配，并进行材料费用分配的核算。

【解析】

（1）材料费用分配率=15 500÷7 750=2（元/千克）

甲产品应分配的材料费用=1 500×2=3 000（元）

乙产品应分配的材料费用=2 500×2=5 000（元）

丙产品应分配的材料费用=3 750×2=7 500（元）

（2）编制材料费用分配表

表 2-14　材料费用分配汇总表（按实际成本计价）

20××年 3 月 31 日　　　　单位：元

应借账户		成本（费用）项目	直接计入	分配计入			合计
				数量	单 价	金额	
基本生产成 本	甲产品	原材料	1 000	1 500	2	3 000	4 000
	乙产品	原材料	2 500	2 500	2	5 000	7 500
	丙产品	原材料	3 000	3 750	2	7 500	10 500
	小计		6 500	7 750		15 500	22 000
制造费用	生产车间	原材料	3 000				3 000
管理费用	原材料	1500				1 500	
合计			11 000	7 750		15 500	26 500

（3）根据材料费用分配表进行账务处理

借：生产成本—基本生产成本——甲产品　　4 000

——乙产品　　7 500

——丙产品　　10 500

制造费用——生产车间　　3 000

管理费用　　1 500

贷：原材料——A 材料　　26 500

2．南阳公司 20××年 6 月生产甲、乙两种产品，甲、乙两种产品共同耗用 A、B 两种材料。甲产品投产 150 件，原材料单件消耗定额为 A 材料为 5 千克，B 材料 6 千克。乙产品投产 200 件，原材料单件消耗定额为 A 材料为 4.5 千克，B 材料为 5.5 千克。甲、乙两种产品原材料实际消耗总量为 A 材料 1 650 千克，B 材料 4 000 千克。原材料计划单价为 A 材料 5 元，B 材料 7 元。另外，车间一般耗用其他材料 1 800 元，厂部耗用其他材料为 1 500 元，销售部门维修耗用材料 500 元。本月材料成本差异率为-2%。

根据定额消耗量比例分配法进行材料费用的分配，并进行材料费用的账务处理。

【解析】

（1）编制原材料费用分配表，如表 2-15 所示。

表 2-15　原材料费用分配表

20××年 6 月　　　　单位：元

原材料		A 材料	B 材料	材料计划成本小计	成本差异率（-2%）	材料实际费用合计
实际消耗总量		1 650	4 000			
甲产品（150 件）	单耗定额	5	6			
	定额消耗量	750	900			
乙产品（200 件）	单耗定额	4.5	5.5			
	定额消耗量	900	1 100			

续表

原材料		A 材料	B 材料	材料计划成本小计	成本差异率（-2%）	材料实际费用合计
定额消耗总量合计		1 650	2 000			
材料消耗量分配率		1	2			
实际消耗量的分配	甲产品	750	1 800			
	乙产品	900	2 200			
原材料计划单位成本		5	7			
材料费用（元）	甲产品	3 750	12 600	16 350	-327	16 023
	乙产品	4 500	15 400	19 900	-398	19 502
车间一般耗用				1 800	-36	1 764
厂部管理部门				1 500	-30	1 470
销售部门				500	-10	490
合计				40 050	-801	39 249

（2）根据原材料费用分配表，编制会计分录如下：

① 分配各部门耗用材料的计划成本

借：生产成本—基本生产成本——甲产品　　16 350
　　　　　　　　　　　　　——乙产品　　19 900
　　制造费用　　1 800
　　管理费用　　1 500
　　销售费用　　500
　　贷：原材料　　　40 050

② 调整发出材料节约的成本差异

借：生产成本—基本生产成本——甲产品　　-327
　　　　　　　　　　　　　——乙产品　　-398
　　制造费用　　-36
　　管理费用　　-30
　　销售费用　　-10
　　贷：原材料　　　-801

2.2.3　职业技能训练

项目 2 任务 2.2 职业技能训练安排，如表 2-16 所示。

表 2-16　项目 2 任务 2.2 职业技能训练安排

技能要求	如何填写材料分配表及登记相关账簿
技能目标	通过填写材料分配表，让学生实际感受材料分配的 3 种方法，掌握两种成本计算方法的核算的不同之处，联系实际业务，提高学生的职业技能
技能内容	1. 设计 3 种业务案例，采用 3 种材料分配方法，选择两种成本核算方法，让学生能够设计出不同的材料分配的程序 2. 让学生运用 Excel 应用软件进行材料分配表格的编制 3. 根据材料费用分配表编制记账凭证，根据记账凭证登记账簿

续表

技能要求	如何填写材料分配表及登记相关账簿
技能组织	1．在计算机房进行教学活动，要求每个学生进行 Excel 表格的填制 2．将学生分成几个小组，对选择一个案例进行计算分析后，在班级组织一次交流，每组推荐一名成员作汇报
技能考核	1．要求每组学生选择一个业务案例进行计算后，写出分析报告 2．教师评阅后，根据所交材料与交流中的表现进行评估打分

项目测试题

一、单选择题

1．企业为生产产品而发生的原料及主要材料的耗费，应通过（　　）账户核算。

A．辅助生产成本　　B．基本生产成本

C．制造费用　　D．管理费用

2．加权平均法是以（　　）的数量为权数。

A．本期入库和期初结存材料数量　　B．期初结存材料数量

C．期末结存数量　　D．期初结存数量和期末结存数量

3．分摊的材料成本差异为超支差异时，与计划成本（　　）。

A．相加　　B．相减

C．抵消不考虑　　D．按计划成本计算

4．材料的领料凭证不包括（　　）。

A．领料单　　B．领料登记表　　C．产品入库单　　D．退料单

5．领料单一式两联，由（　　）和财会部门保管。

A．出料仓库　　B．领料人员　　C．用料人员　　D．生产人员

6．材料成本的确定方法受（　　）影响。

A．材料的计价方法　　B．材料的购买途径

C．材料费用的支付方式　　D．材料的重量

7．领料单的内容不包括（　　）。

A．领料日期　　B．剩余材料数量

C．领取材料数量　　D．领用材料用途

8．材料成本差异率一般按（　　）计算确定。

A．材料类别　　B．材料数量　　C．材料规格　　D．材料质量

9．领料单一式三联，分别保管，（　　）不属于保管部门。

A．领料单位　　B．领料仓库

C．财会部门　　D．生产车间

10．不属于建立领料凭证制度需要注意事项的是（　　）。

A．一切领料凭证都要经过专人审批、签字

B．仓库保管和材料记账应由不同部门或人员进行

C．领料凭证设计应能体现不相容职务分工负责原则

D．财会部门不需对领料凭证进行复核

二、多选题

1. 确定消耗材料数量的方法有（　　）。
   A．永续盘存制　B．实地盘存制　C．移动平均法　D．权责发生制
2. 属于消耗材料计价方法的有（　　）。
   A．先进先出法　B．定额成本法
   C．加权平均法　D．个别计价法
3. 原材料和燃料费用的分配方法主要有（　　）。
   A．重量分配法　B．定额耗用量分配法
   C．定额费用分配法　D．单位耗用量分配法
4. 企业记录生产过程中材料消耗数量的原始凭证包括（　　）。
   A．领料单　B．限额领料单
   C．领料登记表　D．材料入库单
5. 材料按用途可分为（　　）。
   A．原材料及主要材料　B．辅助材料
   C．燃料　D．包装物

三、判断题

1. 仓库保管和材料记账应由同一部门或同一人员进行。（　　）
2. 企业月末如有未用完材料，不需办理退料手续。（　　）
3. 限额领料单内填写实发数量并结出限额余额。（　　）
4. 委托加工材料出库单无须按合同填制。（　　）
5. 材料费用分配是指按材料用途把费用计入相关的成费用账户。（　　）

四、简答题

1. 直接材料费用的内容包括哪些？
2. 在实际工作中，耗用材料实际成本的计算方法包括哪些？
3. 什么是永续盘存制和实地盘存制？

五、项目实训题

（一）项目实训目的

掌握材料费用定额消耗量比例分配方法和定额成本比例分配方法及具体应用。

（二）项目实训资料及要求

实训资料：大丰企业生产 A、B、C 三种产品，2010 年 9 月份共耗用甲材料 4 000 千克，每千克实际平均单价 25 元，总成本 100 000 元。本月三种产品实际投产量分别为 100 件、120 件和 160 件，单位产品甲材料消耗定额分别为 3 千克、4 千克和 5 千克，单位产品甲材料消耗定额成本分别为 30 元、40 元和 50 元。

实训要求：（1）分别按照定额耗用量比例分配方法和定额成本比例分配方法，分配甲材料费用（结果保留两位小数）；

（2）编制会计分录。

项目3

职工薪金费用的归集与分配

职业行动能力

- ◆ 能够编制职工薪金费用分配表。
- ◆ 能够根据职工薪金费用分配表填制记账凭证。
- ◆ 能够根据记账凭证登记生产成本明细账。

学习任务目标

- ◆ 明确职工薪金费用的含义。
- ◆ 熟悉职工薪金费用分配的特点。
- ◆ 掌握职工薪金费用分配方法的计算步骤。

任务导入

一、案例资料

昌荣公司 20××年 3 月生产甲、乙两种产品的生产工人工资中，应直接计入工资额分别为 6 480 元和 2 960 元；甲、乙产品共同耗用的工资总额为 3 690 元。甲产品生产工时为 20 600 小时，乙产品生产工时为 10 150 小时，按生产工时比例分配工资；辅助生产供电车间工资总额为 2 400 元，辅助生产供水车间工资总额 2 200 元，基本生产车间管理人员工资 4 000 元，管理部门人员工资 6 000 元，销售机构人员工资 3 500 元。职工薪酬分配表如表 3-1 所示。

表 3-1　职工薪酬分配表

单位：昌荣公司　　　　20××年 3 月　　　　单位：元

应借科目		应付工资		合计
		直接计入金额	分配计入金额	
基本生产成本	甲产品	6 480		
	乙产品	2 960		
	小　计	9 440	3 690	13 130
辅助生产成本	供电车间	2 400		2 400
	供水车间	2 200		2 200
制造费用		4 000		4 000
管理费用		6 000		6 000
销售费用		3 500		3 500
合　计		27 540	3 690	31 230

二、讨论题

1. 根据表 3-1 如何确定生产甲、乙两种产品的生产工人工资？
2. 根据表 3-1 对甲、乙两种产品耗用的工资费用如何进行分配？
3. 根据表 3-1 如何进行工资分配的账务处理？

任务 3.1　职工薪金费用的归集

3.1.1　相关知识

1. 职工薪金的内容

职工薪酬是指企业为获得职工提供的服务而给予的各种形式的报酬以及其他相关支出。

它包含以下三类人员：一是与企业订立劳动合同的所有人员；二是未与企业订立劳动合同但由企业正式任命的企业治理层和管理层人员；三是在企业的计划和控制下，虽未与企业订立劳动合同或未由其正式任命，但为其提供与职工类似服务的人员。

职工薪酬主要包括以下几方面的内容：

（1）职工工资、奖金、津贴和补贴。

（2）职工福利费。职工福利费是指企业为职工提供的福利，如为补助职工食堂、生活困难职工等从成本费用中提取的金额。

（3）社会保险费。社会保险费是指企业按照国家规定的基准和比例计算，向社会保险经办机构缴纳的医疗保险费、养老保险费、失业保险费、工伤保险费和生育保险费等。

（4）住房公积金。住房公积金是指企业按照国家《住房公积金管理条例》规定的基准和比例计算，向住房公积金管理机构缴存的住房公积金。

（5）工会经费和职工教育经费。工会经费和职工教育经费是指企业为了改善职工文化生活、提高职工业务素质用于开展工会活动和职工教育及职业技能培训，根据国家规定的基准和比例，从成本费用中提取的金额。

（6）非货币性福利。非货币性福利是指企业以自产产品或其他有形资产发放给职工作为福利、企业向职工提供无偿使用自己拥有的资产（如提供给企业高级管理人员的汽车、住房等）、企业为职工无偿提供商品或类似医疗保健的服务等。

（7）辞退福利。辞退福利是指企业由于分离办社会、实施主辅业分离、辅业改制、分流安置富余人员、实施重组或改组计划、职工不能胜任等原因，在职工劳动合同到期之前解除与职工的劳动关系，或者为鼓励职工自愿接受裁减而提出补偿建议的计划给予职工的经济补偿。

（8）股利支付。股利支付是指企业为获取职工和其他方提供服务而授予权益工具或者承担以权益工具为基础确定的负债的交易。

小提示

关于职工工资总额组成的规定

按照国家统计局《关于职工工资总额组成的规定》，构成工资总额的按计时工资标准和工作时间支付给职工的劳动报酬的计时工资、按计件数量和计件单价支付给职工的计件工资、支付给职工的超额劳动报酬和增收节支的劳动报酬、为了补偿职工特殊或额外的劳动消耗和因其他特殊原因支付给职工的津贴，以及为了保证职工工资水平不受物价影响支付给职工的物价补贴等。企业按规定支付给职工的加班加点工资以及根据国际法律、法规和政策规定，企业在职工因病、工伤、产假、计划生育假、婚丧假、事假、探亲假、定期休假、停工学习、执行国家或社会义务等特殊情况下，按照计时工资或计件工资标准的一定比例支付的工资。

2. 职工薪金的确认和计量

（1）职工薪金核算的基础工作

企业可以根据具体情况采用各种不同的工资制度，最基本的工资制度是计时工资和计件工资制度。进行工资费用核算，必须以一定的原始记录作为依据。不同的工资制度所依据的原始记录不同。

计算职工工资的原始记录，有“考勤记录”和“产量记录”。计算计时工资费用，应以考勤记录中的工作时间记录为依据；计算计件工资费用，应以产量记录中的产品数量和质量记录为依据。企业应按每个职工设置“工资卡”，内含职工姓名、职务、工资等级、工资标准等资料。

① 考勤记录：其形式有考勤簿、考勤卡片（考勤钟打卡）、考勤磁卡（刷卡）等。

② 产量记录：是登记工人或生产小组在出勤时间内完成产品的数量、质量和耗用工时的原始记录，如派工单、加工路线单、产量通知单等。

（2）计时工资

职工的计时工资是根据考勤记录登记的每一职工出勤或缺勤日数，按照规定的工资标准计算的。工资标准按计算的时间不同，有年薪制、月薪制、日薪制、钟点工资制等。

小提示

月薪制下计时工资计算有以下两种方法：

① 按月标准工资扣除缺勤天数应扣工资额计算（减法）

某职工本月应得工资=该职工月标准工资−（事假天数×日标准工资）−（病假天数×日标准工资×病假扣款率）

② 按出勤天数直接计算（加法）

某职工本月应得工资=该职工本月出勤天数×日标准工资+病假天数×日标准工资×（1−病假扣款率）

日标准工资的计算方法：

按 30 天计算日工资率：日标准工资=月标准工资÷30

按 20.92 天计算日工资率：日标准工资=月标准工资÷20.83

其中，20.83≈（365−104−11）÷12

按 21.75 天算日工资率：日标准工资 = 月标准工资÷21.75

其中，21.75=（365−52×2）÷12

按 30 天计算日工资率的企业，由于节假日也算工资，因而出勤期间的节假日，也按出勤日算工资；事假病假等缺勤期间的节假日，也按出勤日扣工资。按 20.83 天或者按 21.75 天计算日工资率的企业，节假日不算、不扣工资。

知识延伸阅读

我国劳动和社会保障部 2008 年 2 月 12 日公布最新职工全年月平均工作时间和工资折算办法，全体公民的节日假期由原来的 10 天增设为 11 天，制度计薪日也从原来的 20.92 天改为 21.75 天。国家调整职工全年平均工作时间和工资折算办法，理清了“制度工作日”（365−52×2−11）和“制度计薪日”（365−52×2）两个概念，原先每月都是 20.92 天，现在则分别是 20.83 天和 21.75 天。

（3）计件工资

① 个人计件工资的计算。职工的计件工资应根据产量记录中登记的每一工人的产品产量乘以规定的计件单价计算。同一工人在月份内可能从事工资单价不同的各种产品的生产，因而计件工资的计算公式应为：

应付计件工资=Σ（某工人本月生产每种产品产量×该种产品计件单价）

每种产品产量=合格品数量+料废品数量

某种产品计件单价=生产单位产品所需的工时定额×该级工人小时工资率

小提示

料废品是指非工人本人过失造成的不合格产品，应计算并支付工资；工废品是指由于本人过失造成的不合格产品，不计算支付工资。

② 集体计件工资的计算。按生产小组等集体计件工资的计算方法与个人计件工资的计算基本相同。不同之处在于集体计件工资还需在集体内部工人之间按照贡献大小进行分配。一般应以每人的工资标准和工作日数的乘积为分配标准进行分配。集体计件工资计算分配表如表 3-2 所示。

表 3-2　集体计件工资计算分配表

工人姓名	等级	日工资率	出勤天数	分配标准	分配率	分配额（元）
合 计						

3. 职工薪金的归集

企业进行工资分配时，按照工资的用途分别计入有关账户中：

（1）基本车间生产工人直接工资计入“生产成本——基本生产成本”的借方

（2）辅助车间生产工人直接工资计入“生产成本——辅助生产成本”的借方

（3）车间管理人员工资计入“制造费用”的借方

（4）行政管理人员工资计入“管理费用”的借方

（5）销售人员工资计入“销售费用”的借方

（6）医务及福利人员工资计入“应付福利费”的借方

（7）在建人员工资计入“在建工程”的借方

（8）6 个月以上病假人员工资计入“管理费用”的借方

4. 个人所得税的计算

工资、薪金所得是指个人因任职或受雇而取得的工资、薪金、奖金、年终加薪、劳动分红、津贴、补贴以及与任职、受雇有关的其他所得。个人所得税是根据应纳税所得额计算的。

工资、薪金所得个人所得税应纳税额=应纳税所得额×适用税率-速算扣除数

知识延伸阅读

个人所得税按照 2011 年 6 月 30 日第十一届全国人民代表大会常务委员会第 21 次会议《关于修改〈中华人民共和国个人所得税法〉的决定》的第六次修正的内容实行，从 2011 年 9 月 1 日开始起征点为 3 500 元，适用七级超额累进税率（3%～45%）计缴个人所得税。个人所得税税率表如表 3-3 所示。

表 3-3　个人所得税税率表

级数	含税级距	不含税级距	税率（%）	速算扣除数
1	不超过 1 500 元的	不超过 1 455 元的	3	0
2	超过 1 500 元至 4 500 元的部分	超过 1 455 元至 4 155 元的部分	10	105
3	超过 4 500 元至 9 000 元的部分	超过 4 155 元至 7 755 元的部分	20	555
4	超过 9 000 元至 35 000 元的部分	超过 7 755 元至 27 255 元的部分	25	1 005
5	超过 35 000 元至 55 000 元的部分	超过 27 255 元至 41 255 元的部分	30	2 755
6	超过 55 000 元至 80 000 元的部分	超过 41 255 元至 57 505 元的部分	35	5 505
7	超过 80 000 元的部分	超过 57 505 元的部分	45	13 505

注：①表中所列含税级距与不含税级距，均为按照《税法》规定减除有关费用后的所得额。②含税级距适用于由纳税人负担税款的工资、薪金所得；不含税级距适用于由他人（单位）代付税款的工资、薪金所得。

3.1.2　实际操作

学中做

1．孙萌的月工资标准为 900 元。3 月份 31 天，事假 4 天，病假 2 天，星期休假 10 天，出勤 15 天。根据该工人的工龄，其病假工资按工资标准的 90%计算。该工人病假和事假期间没有节假日。试计算孙萌本月应得工资。

【解析】

（1）按 30 天计算日工资率：

日工资率=900÷30=30（元）

按月标准工资扣除缺勤天数应扣工资额计算（减法）：

孙萌本月应得工资=900−4×30−2×30×（1−90%）=774（元）

按出勤天数直接计算（加法）：

孙萌本月应得工资=30×（15+10）+2×30×90%=804（元）

（2）按 20.92 天计算日工资标准

日工资标准=900÷20.92=43.02（元）

按月标准工资扣除缺勤天数应扣工资额计算（减法）：

孙萌本月应得工资=900−4×43.02−2×43.02×10%=719.32（元）

按出勤天数直接计算（加法）：

孙萌本月应得工资=15×43.02+2×43.02×90%=722.74（元）

2．假设甲、乙两种产品都由 8 级工赵源源加工。甲产品单件工时定额为 30 分钟，乙产品单件工时定额为 45 分钟。8 级工人的小时工资率为 2 元。6 月份赵源源加工甲产品 500 件，乙产品 400 件，试计算本月赵源源的计件工资。

【解析】

甲产品的计件单价=30÷60×2=1（元）

乙产品的计件单价=45÷60×2=1.5（元）

应付计件工资=500×1+400×1.5=1 100（元）

为了简化计算，也可以根据每一工人完成的产量定额工时总数和工人所属等级的小时工资率计算计件工资。

应付计件工资=某工人本月生产各种产品定额工时之和×该级工人小时工资率

应付计件工资=（500×30÷60+400×45÷60）×2=1 100（元）

以上两种方法计算结果相同。由于产量记录中记有每种产品的定额工时数，而且每一工人完成的各种产品的定额工时数可以加总，因而第二种方法比较简便。

3．假设前进小组 9 月份集体完成若干生产任务，按一般计件工资的计算方法算出集体工资 20000 元。

【解析】

以日工资率和出勤日数计算的工资额为分配标准计算每个工人应得的工资，如表 3-4 所示。

表 3-4　集体工资计算表

工人姓名	等级	日工资率（元）	出勤天数	分配标准	分配率	分配额(元)
		(1)	(2)	(3)=(1)×(2)	(4)=总分配额/ (3)	(5)=(4)×(3)
魏明	6	20	25	500	15.7978	7 898.9
赵严	5	18	23	414	15.7978	6 540.29
张虹	4	16	22	352	15.7978	5 560.81
合计			70	1266		20 000

4．王军当月取得工资收入 9 400 元，当月个人承担住房公积金、基本养老保险金、医疗保险金、失业保险金共计 1 000 元，费用扣除额为 3 500 元。试计算王军应纳个人所得税税额。

【解析】

王军当月应纳税所得额=9 400−1 000−3 500=4 900 元。

应纳个人所得税税额=4 900×20%−555=425 元。

任务 3.2 职工薪金费用的分配

3.2.1 相关知识

1．工资费用的分配方法

在计时工资形式下，如果只生产一种产品，生产工人工资属于直接计入费用，可以直接计入该产品生产成本明细账的“直接人工”成本项目中；如果生产多种产品，生产工人工资属于间接计入费用，需采用一定的分配方法进行分配后，计入各产品的生产成本明细账的“直接人工”成本项目中。分配标准通常是按各种产品的生产工时（实际工时或定额工时）比例进行分配，计算公式如下：

$$工资费用分配率=\frac{某车间生产工人计时工资总额}{该车间各种产品生产工时（实际或定额）总数}$$

某产品应分配计时工资=该产品生产工时（实际或定额）×工资费用分配率

小提示

企业在计量职工薪酬时，国家规定计提基础和计提比例的，应当按照国家规定的标准计提。如社会保险费、住房公积金、工会经费和职工教育经费等，应当在职工为其提供服务的会计期间，根据工资总额的一定比例计算确定。国家没有规定计提基础和计提比例的，企业应当根据历史经验数据和实际情况，合理预计当期应付职工薪酬。

2．工资结算单的编制

在实际工作中，企业发放职工工资、办理工资结算是通过编制《工资结算表》来进行的。工资结算表又称工资表，是按车间、部门编制的，要根据工资卡、考勤记录、产量记录及代扣款项等资料按姓名填列“应付工资”、“代扣款项”、“实发金额”三大部分。工资结算表的格式，如表 3-5 所示。

表 3-5　工资结算表

××车间　　　　20××年×月　　　　单位：元

序号	姓名	月工资率	月工资标准	计时工资	计件工资	应扣工资				综合奖金	津贴		应付工资	代扣款项				实发金额
						事假		病假										
						天数	金额	天数	金额		夜班费	保健费		水电费	托儿费	公积金	个人所得税	

小提示

工资结算表一般应编制一式三份。一份由劳动工资部门存查；一份按职工裁成“工资条”，连同工资一起发给职工；一份在发放工资时由职工签字后交财会部门作为工资核算的凭证，并用以代替工资的明细核算。由于工资结算表是按各个车间、部门分别编制的，因此，只能反映各个车间、部门工资结算和支付的情况。

3．工资分配表的编制

为了掌握整个企业工资结算和支付情况，并据以记账，财会部门应将各车间、部门的“工资结算表”加以汇总，编制“职工薪酬分配表”，如表 3-6 所示。

表 3-6　职工薪酬分配表

××企业　　　　　　　　　　　　20××年×月　　　　　　　　　　　　单位：元

应借科目		应付工资		合计
		直接计入金额	分配计入金额	
基本生产成本	×产品			
	×产品			
	小计			
辅助生产成本	××车间			
	××车间			
制造费用				
管理费用				
销售费用				
合　计				

4．根据职工薪酬分配表进行工资费用的账务处理

借：生产成本——基本生产成本
　　生产成本——辅助生产成本
　　制造费用
　　管理费用
　　销售费用
　　贷：应付职工薪酬

3.2.2　实际操作

学中做

根据表 3-1 案例内容，对工资薪酬进行账务处理。

【解析】

（1）工资费用分配率=3 690÷(20 600+10 150)=0.12（元/小时）

甲产品负担的工资费用=0.12×20 600=2 472（元）

乙产品负担的工资费用=0.12×10 150=1 218（元）

（2）编制职工薪酬分配表，如表 3-7 所示。

根据工资分配表编制会计分录，据以登记有关总账和明细账。工资分配的分录如下：

借：生产成本——基本生产成本——甲产品　　　　8 952
　　　　　　　　　　　　　——乙产品　　　　4 178
　　生产成本——辅助生产成本——供电车间　　　　2 400
　　　　　　　　　　　　　——供水车间　　　　2 200
　　制造费用——工资　　　　4 000

管理费用　　6 000
销售费用　　3 500
贷：应付职工薪酬　　31 230

表 3-7　职工薪酬分配表

昌荣公司　　20××年 2 月　　单位：元

应借科目		应付工资		合计
		直接计入金额	分配计入金额	
基本生产成本	甲产品	6 480	2 472	8 952
	乙产品	2 960	1 218	4 178
	小计	9 440	3 690	13 130
辅助生产成本	供电车间	2 400		2 400
	供水车间	2 200		2 200
制造费用		4 000		4 000
管理费用		6 000		6 000
销售费用		3 500		3 500
合　计		27 540	3 690	31 230

小提示

按照 2006 年 12 月 4 日财政部颁布的《企业财务通则》[2007 年 1 月 1 日起在国有控股企业（金融企业除外）执行，其他企业参照执行]，企业不再按照工资总额的 14%计提职工福利费，企业实际发生的职工福利费据实列支。

3.2.3　职业技能训练

项目 3 任务 3.2 职业技能训练安排，如表 3-8 示。

表 3-8　项目 3 任务 3.2 职业技能训练安排

技能要求	如何填写工资表和工资汇总表
技能目标	通过填写工资表和工资汇总表，让学生掌握实际工资计算和工资表的填写过程，了解个人所得税的计算，使学生对工资的整个过程有一个整体的认识
技能内容	1．设计几种业务案例，根据不同业务内容让学生设计出不同企业的工资计算内容和分配程序 2．让学生运用 Excel 应用软件进行工资单和工资汇总表的编制
技能组织	1．在计算机房进行教学活动，要求每个学生进行 Excel 表格的填制 2．将学生分成几个小组，对选择一个案例进行计算分析后，在班级组织一次交流，每组推荐一名成员作汇报
技能考核	1．要求每组学生选择一个业务案例进行计算后，写出分析报告 2．教师评阅后，根据所交材料与交流中的表现进行评估打分

项目测试题

一、单选题

1．生产工人工作量不包括（　　）。

A．生产任务　　B．任务完成情况　　C．检查结果　　D．产品数量

2．属于代扣款项的是（　　）。

A．加班工资　　B．奖金　　C．物价补贴　　D．房租费

3．下列选项中不属于企业职工的是（　　）。

A．临时职工

B．监事会成员

C．为企业提供审计服务的注册会计师

D．内部审计委员会成员

4．下列选项中不通过应付职工薪酬核算的是（　　）。

A．无偿提供给职工使用的住房计提的折旧费

B．无偿提供给职工使用的租赁住房等资产的租金

C．以现金结算的股份支付

D．以权益结算的股份支付

5．按照生产工人工资的2%计提工会经费，借方应通过（　　）账户核算。

A．管理费用　　B．销售费用　　C．财务费用　　D．生产成本

6．生产工时分配法的分配标准是（　　）。

A．产品的实际生产工时　　B．企业职工的工作时间

C．产品的数量　　D．产品的保存时间

7．应在“应付职工薪酬”账户贷方登记的是（　　）。

A．本月实际支付的工资数　　B．本月应分配的工资总额

C．本月结转的代扣款项　　D．本月多支付的工资数

8．不属于职工薪酬核算内容的是（　　）。

A．住房公积金　　B．职工因公出差的差旅费

C．职工教育经费　　D．因解除与职工的劳动关系给予的补偿

9．企业从应付职工工资中代扣代缴的个人所得税，应借记的科目是（　　）。

A．应付职工薪酬　　B．管理费用

C．制造费用　　D．财务费用

10．企业向职工支付职工福利费，应借记的会计科目是（　　）。

A．应付职工薪酬　　B．银行存款

C．库存现金　　D．其他应付款

二、多选题

1．下列选项中属于“直接人工”的项目（　　）。

A．产品生产工人的奖金、津贴　　B．产品生产工人加班工资

C．产品生产工人的其他薪酬　　D．产品生产工人的计时工资和计件工资

2．职工薪酬包括（　　）两部分。

A．现金实发工资　　B．代扣款项

C．计时工资　　D．计件工资

3．集体计件工资是根据（　　）计算的。

A．某一集体完成工作量　　B．计件单价

C．某个工人工作量　　D．计时工资

4．一式三份的工资结算单分别由（　　）保管。

A．劳动部门存档

B．工资条连同工资额给职工

C．发工资时由职工签字交财会部门

D．银行

5．下列职工薪酬中，可以计入产品成本的是（　　）。

A．住房公积金　　B．非货币性福利

C．职工工资　　D．辞退福利

三、判断题

1．按月平均工作天数 30 天，计算日工资率时，每年按 365 天计算。（　　）

2．计件工资产品产量包括合格品产量和不是由于工人本人过失造成的不合格品产量。（　　）

3．工资结算单一式两份。（　　）

4．企业提供给职工配偶和子女的福利不属于职工薪酬。（　　）

5．企业以自产产品作为非货币性福利发放给职工的，不应作为职工薪酬。（　　）

四、简答题

1．简述工资的计算方法。

2．什么是月薪制？

3．如何按照月标准工资扣除缺勤工资计算？

五、项目实训题

（一）项目实训目的

掌握工资费用的分配，包括计时工资和计件工资。

（二）项目实训资料及要求

1．实训资料：职工赵鹰的月标准工资 1 600 元，8 月份 31 天，病假 4 天，事假 3 天，星期休假 8 日，出勤 16 天，甲的病假工资按工资标准的 90%计算，甲工人的病假和事假期间没有节假日。

实训要求：按出勤天数和缺勤天数分别计算赵鹰本月应得计时工资。

2．实训资料：某生产车间李琳 5 月份加工 A 产品 500 个，单价 1.5 元；加工 B 产品 480 个，单价 1.7 元，经检验 A 产品料废 4 个，工废 8 个；B 产品工废 5 个，其余均为合格品。

实训要求：计算李琳本月应得计件工资。

项目 4

其他费用的归集与分配

职业行动能力

- ◆ 能进行外购动力及折旧费用分配的账务处理。
- ◆ 会编制外购动力费用分配表。

学习任务目标

- ◆ 了解外购动力及折旧费用的含义。
- ◆ 理解外购动力及折旧费用的账务处理。
- ◆ 掌握折旧费用及外购动力费用分配表的编制方法。

任务导入

一、案例资料

1. 风华公司 20××年 6 月份耗用外购电力共 60 000 度，每度 1.2 元。其中：基本生产车间生产甲、乙两种产品用电共计 42 000 度，锅炉车间用电 6 000 度，机修车间 7 000 度，基本生产车间照明用电 3 000 度，公司管理部门用电 2 000 度。该公司对产品生产用电按功率在两产品间进行分配，甲、乙两种产品的机器功率时数分别为 6 000 小时和 3 000 小时。

2. 风华公司 20××年 6 月折旧费用分配表如表 4-1 所示。

表 4-1　折旧费用分配表

20××年 6 月　　　　单位：元

应借科目	部　门	11 月固定资产折旧额	11 月增加固定资产折旧额	11 月减少固定资产折旧额	本月固定资产折旧额
制造费用	基本生产车间	4 800	400	1 300	
辅助生产成本	辅助生产车间	2 300			
销售费用	销售部	1 700	700	300	
管理费用	厂部	2 600	1 200	600	
合计		11 400	2 300	2 200	

二、讨论题

1. 根据案例 1 如何编制"外购动力费用分配表"？

2. 根据案例 1 如何进行外购动力费用分配的账务处理？

3. 6 月份固定资产折旧额为多少？如何编制会计分录？

任务 4.1　外购动力费用的计算与归集

4.1.1　相关知识

1. 外购动力费用的概念

外购动力费用是指向外单位购买煤气、电力、蒸汽等动力所支付的费用，企业自产的动力不包括在内。

2. 外购动力费的归集

外购动力相当于外购材料，由于没有价值实体，无法设专门的账户进行核算，也无收、发等环节的核算，在外购时，根据其具体用途直接借记各成本、费用账户。

3．外购动力费的计算方法

外购动力费一般不是在每月末支付，而是在每月下旬的某日支付。例如，5 月 20 日支付的电费是 4 月 19 日～5 月 19 日期间所耗电费，而 5 月份的实际电力耗费只有到 5 月末才能计算分配，二者金额往往不一致。支付动力费用时，一般都通过“应付账款”账户核算，每月的月末分配登记一次动力费用。

外购动力有的直接用于产品生产，有的则用于行政管理。企业外购动力费用应当按照权责发生制原则计量和确认，也就是说，计入产品成本和有关费用中的外购动力费用，应当按照当月有关电力、燃气等的仪表所示的实际耗用量来进行金额计算，没有仪表记录的情况下，可按生产工时比例、机器工时比例等方法进行分配。

$$费用分配率=\frac{各种产品共同耗用的动力费用}{各种产品生产工时之和}$$

某产品应分配费用=该产品实际生产工时×费用分配率

小提示

在实际工作中，由于外购动力付款期与成本、费用核算期并不一致，即外购动力费用是指在每月下旬的某日支付，而成本、费用核算期一般在月末进行，因而付款时并不反映成本、费用，所以先计入“应付账款”科目，等到月末核算成本、费用时，再将其分配到各有关成本、费用账户。外购动力费用分配表中，外购动力要按车间及产品进行明细登记。

4．外购动力费分配表的编制，如表 4-2 所示。

表 4-2　外购动力费用分配表

××工厂　　　　　　　　　　　　　　20××年×月

应借科目		成本或费用项目	动力费用分配			分配金额（单价）
			分配标准	分配率	用电度数	
生产成本——基本生产成本	甲产品	燃料及动力				
	乙产品	燃料及动力				
	小计					
生产成本——辅助生产成本	修理车间	燃料及动力				
制造费用	一车间	水电费				
	二车间	水电费				
管理费用		水电费				
合计						

5．外购动力费的账务处理

外购动力费用账务处理的依据是有关付款凭证和动力费用分配表。

发生外购动力费用时，按照用途及生产部门借记“生产成本——基本生产成本”、“生产成本——辅助生产成本”、“制造费用”、“管理费用”等账户，贷记“应付账款”账户。“应付账款”账户，期末有余额在借方，表示本月实际支付款大于应付款；如余额在贷方，表示本月实际支付款小于应付款，应于下月补付。

知识延伸阅读

外购动力费用的分配

外购动力在各动力使用车间没有安装动力计算仪器、仪表的情况下，可按生产工时比例分配动力费用。需要的资料：①各产品的生产工时数据汇总（车间报送数据）；②各车间、部门用电数据汇总（各部门人工抄报或者远程抄报用电量）；③动力费用单价（供电局通知）。

如果生产工艺用的燃料和动力没有专门设立成本项目，直接用于产品生产的燃料费用和动力费用，可以分别计入“原材料”成本项目和“制造费用”成本项目，作为原材料费用和制造费用进行核算。

4.1.2　实际操作

学中做

1. 根据案例资料 1 中各部门耗用电数及两产品机器功率时数来计算分配外购动力费用，并编制外购动力费用分配表。

【解析】

（1）分配率=42 000÷(6 000+3 000)≈4.67

（2）编制外购动力费用分配表如表 4-3 所示。

表 4-3　外购动力费用分配表

风华公司　　　　　　　　　　20××年 6 月

应借科目		成本或费用项目	动力费用分配			电费分配（单价 1.2 元/度）
			生产工时（小时）	分配率	分配量（度）	
基本生产成本	甲产品	燃料及动力	6 000		28 020	33 624
	乙产品	燃料及动力	3 000		13 980	16 776
	小计		9 000	4.67	42 000	50 400
辅助生产成本	锅炉车间	燃料及动力			6 000	7 200
	机修车间	燃料及动力			7 000	8 400
制造费用	基本生产车间	电费			3 000	3 600
管理费用		电费			2 000	2 400
合计					60 000	72 000

会计分录如下：

借：生产成本——基本生产成本——甲产品　　33 624
　　　　　　　　　　　　——乙产品　　16 776
　　生产成本——辅助生产成本——锅炉车间　　7 200
　　　　　　　　　　　　——机修车间　　8 400
　　制造费用——基本生产车间　　3 600
　　管理费用　　2 400
　　贷：应付账款　　72 000

2. 金光工厂根据电表计量，本月应支付电费 40 000 元，根据电表，产品生产用电 18 000 元，车间照明 3 700 元，管理部门用电 18 300 元。该厂本月生产甲、乙、丙三种产品，甲生产工时 3 000 小时，乙生产工时 4 000 小时，丙生产工时 6 000 小时。计算分配金光工厂外购电力费用并进行外购电费的账务处理。

【解析】

外购电费分配率=18 000/（3 000+4 000+6 000）=1.38

甲产品应分配金额=1.38×3 000=4 140 元

乙产品应分配金额=1.38×4 000=5 520 元

丙产品应分配金额=18 000−4 140−5 520=8 340 元

会计分录如下：

借：生产成本—基本生产成本——甲产品　　4 140
　　　　　　　　　　　——乙产品　　5 520
　　　　　　　　　　　——丙产品　　8 340
　　制造费用　　3 700
　　管理费用　　18 300
　　贷：应付账款　　40 000

任务 4.2 折旧费用的计算与归集

4.2.1 相关知识

1. 折旧费用含义

固定资产在长期使用过程中保持实物形态不变，但其价值随着固定资产的有形损耗和无形损耗而逐渐减少，这部分由于损耗而减少的价值就是固定资产折旧。

2. 折旧费用分配表的编制

折旧费用分配表按照车间及使用部门进行登记，登记的项目有上月固定资产折旧额，上月增加和减少的固定资产折旧额及本月固定资产折旧额。

3. 折旧费用的账务处理

固定资产折旧费用应根据固定资产的使用地点和用途进行归集与分配，分别计入“制造费用”、“生产成本”、“管理费用”、“销售费用”等账户。而折旧费用的分配是通过编制折旧费用分配表而进行的。

企业各部门、车间每月计提的固定资产折旧额可按以下公式进行计算。

某车间本月固定资产折旧额=该车间上月折旧额+该车间上月增加固定资产应计提折旧额-该车间上月减少固定资产应计提折旧额

知识延伸阅读

折旧费用的分配

根据规定，月份内增加的固定资产，当月不计提折旧，从下月起开始计提折旧；月份内减少的固定资产，当月正常计提折旧，从下月起停止计提折旧。

根据《企业会计准则　第 4 号》的规定，企业所持有的固定资产，除以下两种情况外，都应计提折旧：①已提足折旧仍继续使用的固定资产；②按规定单独估价作为固定资产入账的土地。固定资产准则“未使用、不需用的固定资产”纳入折旧计提范围，理由在于：企业对未使用、不需用固定资产计提折旧，有利于促使企业充分利用固定资产，及时处理不需用固定资产。

4.2.2　实际操作

学中做

根据案例资料 2 中各部门折旧费用资料，计算 12 月份固定资产折旧额及编制会计分录：

【解析】

基本车间 12 月份：折旧额=4 800+400−1 300=3 900 元

辅助车间 12 月份：折旧额=2 300 元

销售部门 12 月份：折旧额=1 700+700−300=2 100 元

厂　　部 12 月份：折旧额=2 600+1 200−600=3 200 元

会计分录如下：

借：制造费用	3 900
生产成本——辅助生产成本	2 300
销售费用	2 100

管理费用　　3 200

贷：累计折旧　　11 500

4.2.3　职业技能训练

项目 4 任务 4.2 职业技能训练安排，如表 4-4 所示。

表 4-4　项目 3 任务 4.2 职业技能训练安排

技能要求	如何填写折旧费用计算表和折旧费用分配表
技能目标	通过填写折旧费用计算表和折旧费用分配表，让学生掌握固定资产不同折旧方法下折旧费用的计算，会进行折旧费用分配表的编制，使学生对不同的折旧费用的计算方法有一个全面的理解
技能内容	1. 设计不同固定资产的折旧的业务案例，根据不同业务内容让学生设计出不同固定资产应采用的不同的折旧方法 2. 让学生运用 Excel 应用软件进行折旧费用计算表和折旧费用分配表的编制
技能组织	1. 在计算机房进行教学活动，要求每个学生进行 Excel 表格的填制 2. 将学生分成几个小组选择一个案例，进行计算分析后，每组推荐一名成员作汇报
技能考核	1. 要求每组学生对所选的案例进行计算分析后，写出设计报告 2. 教师评阅后，根据所交材料与交流中的表现进行打分

项目测试题

一、单选题

1. 动力费用可分为（　　）。

A. 自制　　B. 外购　　C. 自制和外购　　D. 以上两种都不是

2. 分配外购动力费用时，会计分录贷方不可能出现的账户是（　　）。

A. 银行存款　　B. 应收账款　　C. 应付账款　　D. 预付账款

3. 对于按规定计提的折旧费用，应根据固定资产的（　　）进行归集与分配。

A. 使用地点和用途　　B. 价值

C. 使用年限　　D. 残值

4. 为了简化成本计算工作，通常不专门设置“折旧费用”成本项目，而是将机器设备的折旧费用与生产车间的其他固定资产折旧费用一起计入（　　）账户

A. 管理费用　　B. 制造费用　　C. 生产成本　　D. 销售费用

5. 由于外购动力付款期与成本、费用核算期并不一致，故先计入（　　）账户

A. 应付账款　　B. 应收账款　　C. 其他应付款　　D. 其他应收款

6.“取暖费”、“水电费”等，这些费用多数与产品生产无直接关系，一般按车间归集计入（　　）账户。

A. 管理费用　　B. 销售费用　　C. 制造费用　　D. 生产成本

7.（　　）应按价值大小和使用年限长短，分别在“固定资产”或“低值易耗品”账户内核算。

A. 用于储存和保管产品、材料而不对出售的包装物

B．计划上单独列作企业商品产品的自制包装物

C．纸、绳、铁丝等包装材料

D．全部包装物

8．如果实际的生产成本明细账没设“燃料及动力”成本项目，可分别计入（　　）成本项目。

A．“直接材料”　　B．“制造费用”

C．“期间费用”　　D．“直接材料”和“制造费用”

9．如果每月支付动力费用的日期基本固定，而且每月付款日到月末的应付动力费用相差不多时，各月付款日到月末的应付动力费用可以（　　）。

A．相互抵消　　B．不进行计算　　C．累计计算　　D．忽略不计

10．企业所持固定资产除下列情况，都应计提折旧（　　）。

A．已提足折旧仍继续使用的固定资产

B．按规定单独股价作为固定资产入账的土地

C．A 和 B

D．新增加的固定资产

二、多选题

1．关于固定资产的使用寿命、预计净残值和折旧方法，下列说法中正确的有（　　）。

A．企业至少应当于每年年度终了，对固定资产的使用寿命、预计净残值和折旧方法进行复核

B．使用寿命预计数与原估计数有差异的，应当调整固定资产使用寿命

C．预计净残值预计数与原估计数有差异的，应当调整预计净残值

D．固定资产折旧方法的改变应当作为会计政策变更

2．直接用于产品生产的燃料可计入（　　）账户。

A．“生产成本——基本生产成本”　　B．“原材料”

C．“燃料”及“动力”　　D．“生产成本——辅助生产成本”

3．外购动力费用的分配方法主要有（　　）。

A．定额耗用量比例分配法　　B．生产工人工时分配法

C．机器工时分配法　　D．标准产量比例分配法

三、判断题

1．外购动力费用是指向外单位购买电力、蒸汽、煤气等动力所支付的费用。（　　）

2．外购动力费用一般是在月初支付。（　　）

3．对于按规定计提的折旧费用，应根据固定资产的使用地点和用途进行归集与分配。（　　）

4．当月增加的固定资产，应从下月起计提折旧。（　　）

5．外购动力费用没有价值实体。（　　）

四、简答题

1．固定资产折旧如何计提？

2．折旧费用如何进行计算？

五、项目实训题

（一）项目实训目的

掌握外购动力费用分配的账务处理。

（二）项目实训资料及要求

实训资料：

玉峰工厂生产甲、乙、丙三种产品，2010 年 8 月，三种产品共同耗用外购电力 4 300 元，实际生产工时分别为 1 500 小时、2 300 小时和 3 500 小时。

实训要求：

采用生产工时分配法分配外购电力费用，编制外购电力费用分配表，如表 4-5 所示。

表 4-5 外购电力费用分配表

产品名称	生产工时	费用分配率	应分配费用
甲产品			
乙产品			
丙产品			
合 计			

项目 5

辅助生产费用的归集与分配

职业行动能力

- ◆ 能够编制辅助生产费用分配表。
- ◆ 能够根据辅助生产费用分配表填制记账凭证。
- ◆ 能够根据记账凭证登记辅助生产成本明细账。

学习任务目标

- ◆ 明确辅助生产车间及辅助生产费用的含义。
- ◆ 熟悉辅助生产费用分配的特点。
- ◆ 掌握辅助生产费用分配方法的计算步骤。

任务导入

一、案例资料

鸿宇企业除基本生产车间外，还设有供水、发电、机修三个辅助生产车间，且辅助生产车间所提供的劳务成本，在企业主要产品成本中所占的比重不低于10%，各辅助生产车间相互提供的劳务也比较多，但为了简化核算程序，企业在进行辅助生产费用核算时，只按三个辅助生产车间设置了“辅助生产成本”明细账户，辅助生产车间发生的所有费用全部直接计入辅助生产成本明细账，而没有通过设置“制造费用——辅助生产车间”明细账户，来归集辅助生产车间的间接费用；在辅助生产费用分配时采用比较简单的直接分配法。

二、讨论题

1. 该企业在辅助生产费用核算时，账户设置和分配方法是否科学合理？

2. 企业在进行辅助生产费用分配时应如何选择分配方法？

任务 5.1 辅助生产费用的归集

5.1.1 相关知识

1. 辅助生产车间的概念

辅助生产车间是指为企业基本生产车间、行政管理部门等单位提供产品或劳务而进行生产活动的车间。

辅助生产车间有的只生产一种产品或提供一种劳务，如供电、供水、供气等；有的则生产多种产品或提供多种劳务，如从事工具、模具、修理用备件的制造，以及机器设备修理等辅助生产。辅助生产提供的产品或劳务有时也对外销售，但这不是辅助生产的主要任务。

2. 辅助生产费用的概念

辅助生产费用是指辅助生产车间生产的产品和劳务所耗费的各种生产费用之和。这些辅助生产费用对于辅助生产的产品或劳务来说，又构成这些产品和劳务的成本。

3. 账户的设置

（1）设置“辅助生产成本”明细账户

在“生产成本”账户中设置“生产成本——辅助生产成本”二级账户，也可以直接设置“辅助生产成本”总分类账户，然后再按辅助生产的产品或劳务设置明细账户，用来归集辅助生产车间所发生的各项费用。

（2）设置“制造费用——××辅助生产车间”明细账户

在“制造费用”总分类账户下，按辅助生产车间设置明细账户，归集辅助生产车间所发生的制造费用，月末再分配转入“辅助生产成本”明细账户中“制造费用”成本项目。

小提示

一般情况下，辅助生产车间的制造费用，应先通过“辅助生产车间制造费用”明细账户归集，如果辅助生产车间的规模很小，所发生的制造费用也很少，而且辅助生产车间又不对外销售产品或提供劳务时，为了简化核算工作，可以不设置“制造费用——××辅助生产车间”明细账户，直接将发生的制造费用计入“生产成本——辅助生产成本”明细账户相关的成本项目即可。

4．辅助生产费用归集的程序

对不设置“制造费用”账户的辅助生产车间，只需将该车间发生的所有生产费用直接计入“生产成本——辅助生产成本”明细账户；对设置“制造费用”账户的辅助生产车间，需要将辅助生产车间直接用于辅助生产的产品或劳务的生产费用计入“生产成本——辅助生产成本”明细账户，将辅助生产车间间接用于辅助生产的产品或劳务的生产费用计入“制造费用——辅助生产车间”明细账户，月末再将该账户的费用分配转入“生产成本——辅助生产成本”明细账户中。

5．辅助生产明细账的设置

辅助生产成本明细账户，一般应按车间、产品或劳务种类设置，账内按照成本项目设置专栏，进行明细核算。辅助生产成本明细账的成本项目可以按照基本生产成本明细设置直接材料、直接人工和制造费用等成本项目，具体格式如表 5-1 所示；也可以按照成本项目与费用项目相结合设置专栏，具体格式如表 5-2 所示。

表 5-1　辅助生产成本明细账

车间：

摘　要	直接材料	直接人工	制造费用	合计

表 5-2　辅助生产成本明细账

车间：

摘　要	材料	燃料及动力	工资及福利费	折旧费	修理费	办公费	其他	合计

小提示

辅助生产车间在加工产品或提供劳务过程中所发生的各项费用，应计入该账户的借方，月末分配转出辅助生产完工的产品或劳务时计入该账户的贷方。如果辅助生产车间是提供劳务的，月末分配结转后该账户没有余额；如果辅助生产车间是加工产品的，月末分配结转完工产品后可能有余额，即月末在产品成本。本书中所讲的辅助生产即提供劳务的辅助生产。

5.1.2 实际操作

学中做

胜利工厂设有供电和供水两个辅助生产车间，该企业对辅助生产车间的制造费用单独核算。20××年8月份发生各项生产费用如表5-3所示。

要求：根据上述资料进行辅助生产费用归集的核算。

表5-3 辅助生产车间生产耗费情况表

项目	直接费用		间接费用	
	供电车间	供水车间	供电车间	供水车间
材料费用	1 580	680	650	480
燃料费用	1 650	800	760	450
工资及福利费用	2 100	1 050	950	580
折旧费用			1 480	650
支付其他费用			680	510
合计	5 330	2 530	4 520	2 670

【解析】

（1）编制辅助生产费用归集的账务处理。

① 借：生产成本——辅助生产成本——供电车间 1 580
——供水车间 680
制造费用——供电车间 550
——供水车间 480
贷：原材料——原料及主要材料 3 290

② 借：生产成本——辅助生产成本——供电车间 1 650
——供水车间 800
制造费用——供电车间 760
——供水车间 450
贷：原材料——燃料 3 660

③ 借：生产成本——辅助生产成本——供电车间 2 100
——供水车间 1 050

　　制造费用——供电车间　　950
　　　　　　——供水车间　　580
　　贷：应付职工薪酬　　4 680

④ 借：制造费用——供电车间　　1 480
　　　　　　——供水车间　　650
　　贷：累计折旧　　2 130

⑤ 借：制造费用——供电车间　　680
　　　　　　——供水车间　　510
　　贷：银行存款　　1 190

⑥ 借：生产成本——辅助生产成本——供电车间　　4 520
　　　　　　　　　　　　——供水车间　　2 670
　　贷：制造费用——供电车间　　4 520
　　　　　　——供水车间　　2 670

（2）开设并登记“辅助生产成本及制造费用”明细账户，如表 5-4～表 5-7 所示。

表 5-4　辅助生产成本明细账

辅助生产车间：供电车间

摘　要	直接材料	燃料及动力	直接人工	制造费用	合计
根据材料费用分配表	1 580				1 580
根据燃料费用分配表		1 650			1 650
根据工资及福利费用分配表			2 100		2 100
根据制造费用分配表				4 520	4 520
本月发生额合计	1 580	1 650	2 100	4 520	9 850
结转本月辅助生产费用	1 580	1 650	2 100	4 520	9 850

表 5-5　辅助生产成本明细账

辅助生产车间：供水车间

摘　要	直接材料	燃料及动力	直接人工	制造费用	合计
根据材料费用分配表	680				680
根据燃料费用分配表		800			800
根据工资及福利费用分配表			1 050		1 050
根据制造费用分配表				2 670	2 670
本月发生额合计	680	800	1 050	2 670	5 200
结转本月辅助生产费用	680	800	1 050	2 670	5 200

表 5-6　制造费用明细账

车间名称：供电车间

摘　要	材料	燃料及动力	工资及福利费	折旧费	其他	合计
根据材料费用分配表	650					650
根据燃料费用分配表		760				760
根据工资及福利费用分配表			950			950
根据折旧费用分配表				1 480		1 480
根据其他费用支付凭证					680	680
本月发生额合计	650	760	950	1 480	680	4 520
结转本月制造费用	650	760	950	1 480	680	4 520

表 5-7　制造费用明细账

车间名称：供水车间

摘　要	材料	燃料及动力	工资及福利费	折旧费	其他	合计
根据材料费用分配表	480					480
根据燃料费用分配表		450				450
根据工资及福利费用分配表			580			580
根据折旧费用分配表				650		650
根据其他费用支付凭证					510	510
本月发生额合计	480	450	580	650	510	2 670
制造费用分配表	480	450	580	650	510	2 670

任务 5.2 辅助生产费用的分配

5.2.1　相关知识

1. 直接分配法

直接分配法是指将各辅助生产车间发生的费用，直接分配给辅助生产车间以外的各受益对象。各辅助生产车间之间相互提供的产品或劳务不考虑，辅助生产车间之间不相互分配费用。

直接分配法的分配步骤和方法如下：

（1）计算各辅助生产车间费用分配率（或单位成本）

某辅助生产车间费用分配率（或单位成本）=该车间辅助生产费用总额/辅助生产车间以外各受益对象接受的劳务数量

（2）各受益单位应负担的辅助生产费用

某受益对象应负担的辅助生产费用=该受益对象耗用的劳务数量×该辅助生产车间费用分配率

学中做

胜利工厂设有供电和供水两个辅助生产车间，主要为本企业基本生产车间和行政管理部门等提供劳务。20××年 8 月份供电车间本月发生费用如表 5-4 所示，供水车间本月发生费用如表 5-5 所示，各辅助生产车间供应的劳务数量如表 5-8 所示。

要求：采用直接分配法分配各辅助生产车间的费用。

表 5-8　辅助生产车间供应产品或劳务数量

受益单位		供电数量（度）	供水数量（m^3）
辅助生产车间	供电车间		6 500
	供水车间	5 650	
基本生产车间甲产品耗用		20 000	15 000
基本生产车间一般耗用		8 950	9 300
行政管理部门耗用		4 800	8 200
合　计		39 400	39 000

【解析】

（1）计算辅助生产车间费用分配率。

供电车间费用分配率=9 850÷（20 000+8 950+4 800）=0.2919

供水车间费用分配率=5 200÷（15 000+9 300+8 200）=0.16

（2）分配辅助生产车间的费用。

供电车间费用分配：

基本生产车间产品生产应负担的电费=20 000×0.2919=5 838（元）

基本生产车间一般消耗应负担的电费=8 950×0.2919=2 612.5（元）

行政管理部门应负担的电费=9 850−5 838−2 612.5=1 399.5（元）

供水车间费用分配：

基本生产车间产品生产应负担的水费=15 000×0.16=2 400（元）

基本生产车间一般消耗应负担的水费=9 300×0.16=1 488（元）

行政管理部门应负担的水费=8 200×0.16=1 312（元）

（3）编制《辅助生产费用分配表》，如表 5-9 所示。

表 5-9　辅助生产费用分配表（直接分配法）

项　目		供电车间	供水车间	合　计
辅助生产车间归集的生产费用		9 850	5 200	15 050
提供给辅助生产车间以外的劳务数量		33 750	32 500	
费用分配率		0.2918	0.16	
基本车间生产甲产品	耗用数量	20 000	15 000	
	分配金额	5 838	2 400	8 238
基本生产车间	耗用数量	8 950	9 300	
	分配金额	2 612.5	1 488	4 100.5
行政管理部门	耗用数量	4 800	8 201	
	分配金额	1 399.5	3 120	2 711.5

（4）根据“辅助生产费用分配表”编制会计分录如下：

借：生产成本——基本生产成本——甲产品　　8 238

　　制造费用——基本生产车间　　4 100.5

　　管理费用　　2 711.5

　　贷：生产成本——辅助生产成本——供电车间　　9 850

　　　　　　　　　　　　　　　——供水车间　　5 200

2．交互分配法

交互分配法是将辅助生产车间的费用，先在各辅助生产车间之间交互分配，然后计算出各辅助生产车间交互分配后对外分配的实际费用（即交互分配前的费用加上交互分配转入的费用减去交互分配转出的费用），再用直接分配法在辅助生产车间以外的各受益对象之间进行分配。

小提示

这种方法是对各辅助生产车间的生产费用进行两次分配。第一次是根据各辅助生产车间相互提供的产品或劳务的数量在各辅助生产车间之间进行交互分配；第二次是将各辅助生产车间交互分配后的实际费用（即辅助生产车间交互分配前的费用加上交互分配转入的费用，减去交互分配转出的费用），在辅助生产车间以外的各受益对象之间进行分配。

交互分配法的分配步骤和方法如下：

（1）计算各辅助生产车间交互分配费用分配率

交互分配费用分配率=某辅助车间归集的生产费用/该辅助生产车间提供的劳务总量

（2）计算交互分配的费用额

某辅助车间应负担的其他辅助车间的费用=该辅助车间耗用其他辅助车间的劳务量×提供劳务的辅助车间交互分配费用分配率

（3）计算交互分配后的实际费用

某辅助车间交互分配后的实际费用=该辅助车间交互分配前的费用+该辅助车间从其他辅助车间分配转入的费用-该辅助车间分配转给其他辅助车间的费用

（4）计算交互分配后的费用分配率

$$\text{某辅助车间对外分配的费用分配率}=\frac{\text{该辅助车间交互分配后的实际费用}}{\text{该辅助车间以外的各受益对象的劳务量}}$$

（5）计算对外分配的费用额

某受益对象应负担的辅助生产费用=该受益对象消耗的某辅助车间的劳务量×该辅助车间对外分配的费用分配率

学中做

胜利工厂设有供电和供水两个辅助生产车间，主要为本企业基本生产车间和行政管理部门等提供劳务，供电车间本月发生费用为9840元，供水车间本月发生费用为5260元，各辅助生产车间供应产品或劳务数量如表5-10所示。

要求：采用交互分配法分配各辅助生产车间的费用。

表5-10　辅助生产车间供应产品或劳务数量

受益单位		供电数量（度）	供水数量（立方米）
辅助生产车间	供电车间		6 560
	供水车间	5 640	
基本生产甲产品耗用		25 000	20 000
基本生产车间一般耗用		13 760	17 910
行政管理部门耗用		4 800	8 130
合　计		49 200	52 600

【解析】

（1）计算交互分配费用分配率。

供电车间交互分配费用分配率=9 840÷49 200=0.2

供水车间交互分配费用分配率=5 260÷52 600=0.1

（2）计算交互分配的费用额。

供电车间用供水车间的水费=6 560×0.1=656（元）

供水车间用供电车间的电费=5 640×0.2=1 128（元）

（3）计算交互分配后的实际费用。

供电车间交互分配后的实际费用=9 840+656−1 128=9 368（元）

供水车间交互分配后的实际费用=5 260+1 128−656=5 732（元）

（4）计算对外分配的费用分配率。

供电车间对外分配的费用分配率=9 368÷（25 000+13 760+4 800）=0.2151

供水车间对外分配的费用分配率=5 732÷（20 000+17 910+8 130）=0.1245

（5）计算对外分配的费用额。

供电车间对外分配：

基本生产产品分配电费=25 000×0.2151=5 377.5（元）

基本生产车间分配电费=13 760×0.2151=2 959.78（元）

行政部门分配电费=9368−5377.5−2959.78=1 030.72（元）

供水车间对外分配：

基本生产产品分配水费=20 000×0.1245=2 490（元）

基本生产车间分配水费=17 910×0.1245=2 229.8（元）

行政部门分配水费=5 732−2 490−2 229.8=1 012.2（元）

（6）编制“辅助生产费用分配表”，如表 5-11 所示。

表 5-11　辅助生产费用分配表（交互分配法）

项　目		供电车间			供水车间			合 计
		数量	分配率	金额	数量	分配率	金额	
交互分配前		49 200	0.2	9 840	52 600	0.1	5 260	15 100
交互分配	供电车间					6 560	656	
	供水车间	5 640		1 128				
对外分配的实际费用		43 560	0.2151	9 368	46 040	0.1245	5 732	15 100
对外分配	基本生产甲产品	25 000		5 377.5	20 000		2 490	7 867.5
	基本生产车间	13 760		2 959.78	17 910		2229.8	5 189.58
	行政管理部门	4 800		1 030.72	8 130		1012.2	2 042.92
	合　计	43 560		9 368	46 040		5732	15 100

（7）根据“辅助生产费用分配表”编制会计分录如下：

交互分配：

借：生产成本——辅助生产成本——供电车间　　656

　　　　　——辅助生产成本——供水车间　　1 128

　贷：生产成本——辅助生产成本——供水车间　　656

　　　　　　——辅助生产成本——供电车间　　1 128

对外分配：

借：生产成本——基本生产成本——甲产品 7 867.5

制造费用——基本生产车间 5 189.58

管理费用 2 042.92

贷：生产成本——辅助生产成本——供电车间 9 368

——辅助生产成本——供水车间 5 732

3．顺序分配法

顺序分配法也称阶梯式分配法，是指各辅助生产车间之间的费用分配按其受益的多少顺序排列，受益少的辅助生产车间排列在前，受益多的辅助生产车间排列在的后，按排列的先后顺序进行辅助生产车间费用的分配。

小提示

顺序法分配时，受益少的辅助生产车间先分配费用，受益多的辅助生产车间后分配费用。排列在前的辅助生产车间虽然享受排列在后的辅助生产车间提供的服务，但不承担后面车间的费用，排列在后的辅助生产车间将前面车间分来的费用加上本车间原有的费用再分给排列在后的辅助生产车间和其他受益单位，直到最后一个车间为止。

顺序分配法的分配步骤和方法如下：

（1）计算各辅助生产车间受益额，并按受益多少排列各辅助生产车间费用分配顺序。受益少，先分配；受益多，后分配。

（2）分配排列在前的辅助生产车间的费用。

（3）计算排列在后的辅助生产车间对外分配的实际费用。

（4）分配排列在后的辅助生产车间的实际费用。

学中做

胜利工厂辅助生产车间的资料见前例，要求：采用顺序分配法分配辅助生产费用。

【解析】

（1）计算各辅助生产车间受益额，并按受益大小排序。

供电车间费用分配率=9 840/49 200=0.2

供水车间费用分配率=5 260/52 600=0.1

供电车间用供水车间的水费=6 560×0.1=656（元）

供水车间用供电车间的电费=5 640×0.2=1 128（元）

（2）分配供电车间的费用。

供电车间费用分配率=9 840/49 200=0.2

供水车间耗用电费=5 640×0.2=1 128 元

基本生产产品耗用电费=25 000×0.2=5 000（元）

基本生产车间耗用电费=13 760×0.2=2 752（元）

行政管理部门耗用电费=4 800×0.2=960（元）

（3）计算供水车间对外分配的实际费用。

供水车间对外分配的实际费用=5 260+1 128=6 388（元）

（4）分配供水车间的实际费用。

供水车间费用分配率=6 388/（20 000+17 910+8 130）=0.1387

基本生产产品耗用水费=20 000×0.1387=2 774（元）

基本生产车间耗用水费=1 7910×0.1387=2 484.12（元）

行政管理部门耗用水耗用=6 388−2 774−2 484.12=1 129.88（元）

（5）编制“辅助生产费用分配表”，如表 5-12 所示。

表 5-12　辅助生产费用分配表（顺序分配法）

项　目		供电车间			供水车间			合 计
		数量	分配率	金额	数量	分配率	金额	
比较受益大小	费用分配率	49 200	0.2	9 840	52 600	0.1	5 260	
	供电车间受益					6 560	656	
	供水车间受益	5 640		1 128				
对外分配的费用		49 200	0.2	9 840	46 040	0.1387	6 388	16 228
对外分配	供水车间	5 640		1 128				1 128
	基本生产甲产品	25 000		5 000	20 000		2 774	7 774
	基本生产车间	13 760		2 752	17 910		2 484.12	5 236.12
	行政管理部门	4 800		960	8 130		1 129.88	2 089.88
	合　计	49 200		9 840	46 040		6 388	16 228

（6）根据“辅助生产费用分配表”编制会计分录如下：

供电车间费用分配：

借：生产成本——辅助生产成本——供水车间　　1 128
　　　　　　——基本生产成本——甲产品　　5 000
　　制造费用——基本生产车间　　2 752
　　管理费用　　960
　　贷：生产成本——辅助生产成本——供电车间　　9 840

供水车间费用分配：

借：生产成本——基本生产成本——甲产品　　2 774
　　制造费用——基本生产车间　　2 484.12
　　管理费用　　1 129.88
　　贷：生产成本——辅助生产成本——供电车间　　6 388

4．计划成本分配法

计划成本分配法是指将辅助生产车间发生的费用，按照计划单位成本计算分配给各受益对象的方法。

小提示

采用计划成本分配法时，辅助生产为各受益单位（包括其他辅助生产车间）提供的产品或劳务，一般按产品或劳务的实际耗用量和计划单位成本进行分配；辅助生产车间实际发生的费用（即交互分配前的辅助生产费用+按计划单位成本分配转入的费用），实际上它不是纯粹的实际费用，但为了简化核算程序，把它作为实际费用。实际费用与按计划单位成本分配转出的费用之间的差额，即辅助生产劳务的成本差异，可以追加分配给辅助生产以外的各受益单位。为了简化核算，也可以将辅助生产劳务的成本差异全部计入“管理费用”账户。超差用蓝字表示追加成本，减差用红字表示减少成本。

计划成本分配法的分配步骤和方法如下：

（1）按计划单位成本分配各辅助生产车间的费用

某受益对象应负担的辅助生产费用=该受益对象实际耗用的劳务量×该劳务的计划单位成本

（2）计算各辅助生产车间的实际费用

某辅助车间实际费用=该辅助车间原有的费用+按计划单位成本分配转入的费用

（3）计算辅助生产的成本差异

某辅助生产成本差异=该辅助车间实际费用−该车间按计划单位成本分配转出费用

学中做

胜利工厂辅助生产车间的资料见前例，假设供电车间计划单位成本为 0.2 元/度；供水车间计划单位成本为 0.1 元/立方米。

要求：采用计划成本分配法分配辅助生产费用。

【解析】

（1）按计划单位成本分配各辅助生产车间的费用。

供电车间：

供水车间耗用电费=5 640×0.2=1 128（元）

基本生产产品耗用电费=25 000×0.2=5 000（元）

基本生产车间耗用电费=13 760×0.2=2752（元）

行政管理部门耗用电费=4 800×0.2=960（元）

供水车间：

供电车间耗用水费=6 560×0.1=656（元）

基本生产产品耗用水费=20 000×0.1=2 000（元）

基本生产车间耗用水费=17 910×0.1=1 791（元）

行政管理部门耗用水费=8 130×0.1=813（元）

（2）计算各辅助生产车间的实际费用及成本差异

供电车间实际费用=9 840+656=10 496（元）

供电车间辅助生产成本差异超支额=10 496−9 840=656（元）

供水车间实际费用=5 260+1 128=6 388（元）

供水车间辅助生产成本差异超支额=6 388−5 260=1 128（元）

（3）编制“辅助生产费用分配表”，如表 5-13 所示。

表 5-13　辅助生产费用分配表（计划成本分配法）

项　目		供 电 车 间	供 水 车 间	合　计
辅助生产车间归集的生产费用		9 840	5 260	15 100
提供的劳务数量		49 200	52 600	
计划单位成本		0.2	0.1	
供电车间	耗用数量		6 560	
	分配金额		656	656
供水车间	耗用数量	5 640		
	分配金额	1 128		1 128
基本生产甲产品	耗用数量	25 000	20 000	
	分配金额	5 000	2 000	7 000
基本生产车间	耗用数量	13 760	17 910	
	分配金额	2 752	1 791	4 543
行政管理部门	耗用数量	4 800	8 130	
	分配金额	960	813	1 773
按计划成本分配金额合计		9 840	5 260	
辅助生产实际成本		10 496	6 388	
辅助生产成本差异		656	1 128	

（4）根据“辅助生产费用分配表”编制会计分录如下：

借：生产成本——辅助生产成本——供水车间　　1 128
　　　　　——基本生产成本——甲产品　　7 000
　　制造费用　　4 543
　　管理费用　　1 773
　　贷：生产成本——辅助生产成本——供电车间　　9 840
　　　　　　　　　　　　　　　——供水车间　　5 260

借：管理费用　　1 784
　　贷：生产成本——辅助生产成本——供电车间　　656
　　　　　　　　　　　　　　　——供水车间　　1 128

5. 代数分配法

代数分配法是把数学中的方程引入到成本计算，根据解联立方程的原理计算辅助生产劳务的单位成本，然后根据各受益单位（包括辅助生产车间和其他部门）耗用的劳务数量和单位成本，计算分配辅助生产费用。

学中做

胜利工厂辅助生产车间的资料见前例，该企业采用代数分配法分配辅助生产费用。

【解析】

设每度电的成本为 x，每立方米水的成本为 y，建立联立方程为：

$$\begin{cases} 9\,840 + 6\,560y = 49\,200x & \text{（供电车间）} \\ 5\,260 + 5\,640x = 52\,600y & \text{（供水车间）} \end{cases}$$

解上述方程得：

$$\begin{cases} x = 0.2164 & \text{（每度电的成本）} \\ y = 0.1232 & \text{（每立方米水的成本）} \end{cases}$$

供电车间费用分配：

供水车间耗用电费=5 640×0.2164 =1 220.5（元）

基本生产产品耗用电费=25 000×0.2164 =5 410（元）

基本生产车间耗用电费=13 760×0.2164 =2 977.66（元）

行政管理部门耗用电费=4 800×0.2164 =1 038.72

供水车间费用分配：

供电车间耗用水费=6 560×0.1232 =808.19（元）

基本生产产品耗用水费=20 000×0.1232 =2 464（元）

基本生产车间耗用水费=17 910×0.1232 =2 206.51（元）

行政管理部门耗用水费=8 130×0.1232 =1 001.62（元）

知识延伸阅读

辅助生产费用分配方法的比较

采用直接分配法，由于各辅助生产车间只对辅助生产车间以外的各受益单位分配费用，只分配一次，计算工作简便。当辅助生产车间相互提供的产品或劳务较大时，分配结果存在着较大的误差，不够准确。一般适宜在辅助生产车间相互不提供劳务或提供劳务很少的情况下使用。

采用交互分配法，由于进行了各辅助生产车间之间的交互分配，提高了分配结果的准确性，也更符合企业实际情况；但由于各辅助生产车间都要计算两个费用分配率，进行两次分配，因而增大了核算的工作量。同时，交互分配的费用分配率是根据交互分配前所归集的辅助生产费用计算的，不是该辅助生产车间产品或劳务的实际单位成本，计算结果也存在一定的误差。因此，在实际工作中，这种方法一般只适用于各辅助生产车间相互提供的产品或劳务较多的企业。

采用顺序分配法，由于排列在前的辅助生产车间不负担排列在后的辅助生产车间的费用，所以分配结果的准确性会受到影响。因此，这种方法适用于各辅助生产车间之间相互提供的劳务相差较大的企业。

采用计划成本分配法，各辅助生产车间之间的交互分配和对辅助生产车间以外的受益对象的分配一次完成，而且由于辅助生产车间的产品或劳务的计划单位成本资料便于取得，只要有各受益单位耗用辅助生产车间的劳务量，便可进行分配，而且可以简化和加速分配的计算工作。但是采用该种分配方法，必须制定比较准确的辅助生产产品或劳务的计划单位成本。

采用代数分配法，是通过解联立方程组求得劳务的实际单位成本，分配结果最为准确，但计算工作比较复杂。因此，这种方法较适用于实现会计电算化的企业。

5.2.2　职业技能训练

项目 5 职业技能训练安排，如表 5-14 所示。

表 5-14　项目 5 职业技能训练安排

技能要求	如何进行辅助生产费用不同分配方法的运用
技能目标	通过填写辅助生产费用分配表和登记辅助生产明细账，让学生掌握辅助生产费用分配的不同方法，会进行辅助生产费用分配表的编制，使学生理解不同分配方法的区别之处
技能内容	1．设计辅助生产费用分配业务案例，根据不同业务内容让学生采用不同的分配方法进行费用的分配 2．让学生运用 Excel 应用软件进行辅助生产费用分配表的编制和辅助生产明细账的登记
技能组织	1．每个学生进行 Excel 表格的填制 2．将学生分成几个小组选择一种方法，进行计算分配后，每组推荐一名成员作汇报。教师根据所交材料与交流中的表现进行打分
技能考核	1．要求每组学生选择一个案例进行情况分析后，写出报告或小结 2．教师评阅后，根据所交材料与交流中的表现进行评估打分

项目测试题

一、单选题

1．辅助生产费用的分配方法中，分配结果最准确的是（　　）。

A．交互分配法　　B．计划成本分配法

C．直接分配法　　D．代数分配法

2．辅助生产车间完工的修理用备件，应借记的（　　）科目。

A．“低值易耗品”　　B．“原材料”

C．“修理用备件”　　D．“自制半成品”

3．下列各种分配方法中，属于辅助生产费用分配方法的是（　　）。

A．约当产量法　　B．计划成本分配法

C．定额成本分配法　　D．生产工时比例分配法

4．采用一次交互分配法分配辅助生产费用时，计算第二阶段直接分配率的分子数应是（　　）。

A．该辅助生产车间直接发生的费用

B．该辅助生产车间直接发生的费用加上分配转入的费用

C．该辅助生产车间直接发生的费用加上分配转入减去分配转出的费用

D．该辅助生产车间直接发生的费用减去分配转出的费用

5．在辅助生产费用的各种分配方法当中，最简便的方法是（　　）。

A．顺序分配法　　B．直接分配法

C．交互分配法　　D．代数分配法

6．采用交互分配法分配辅助生产费用时，第二阶段的对外分配应（　　）。

A．在辅助生产车间以外的各受益单位之间进行分配

B．在辅助生产车间以内的各受益单位之间进行分配

C．在辅助生产车间、部门之间进行分配

D．只分配给基本生产车间

7．辅助生产车间的产品或劳务主要用于（　　）。

A．辅助生产车间内部的生产和管理　　B．企业产品的生产和管理

C．对外销售　　D．专项工程建设

8．交互分配法中，一次交互分配时是在（　　）。

A．各受益单位间进行分配　　B．各受益的基本生产车间进行分配

C．辅助生产以外受益单位之间分配　　D．各受益的辅助生产车间之间分配

9．辅助生产费用的分配方法中，不考虑各辅助生产车间相互提供产品和劳务的方法是（　　）。

A．代数分配法　　B．直接分配法

C．一次交互分配法　　D．计划成本分配法

10．采用计划成本分配法，辅助生产成本差异计入（　　）。

A．管理费用　　B．生产成本　　C．制造费用　　D．营业外支出

二、多选题

1．辅助费用的分配方法包括（　　）。

A．直接分配法　　B．交互分配法　　C．计划成本分配法　　D．间接分配法

2．辅助生产所进行的产品生产主要包括（　　）

A．工具　　B．模具　　C．修理用备件　　D．零件制造

3．辅助生产费用的分配方法包括（　　）。

A．直接分配法　　B．交互分配法

C．代数分配法　　D．计划成本分配法

4．采用顺序分配法分配辅助生产费用时，辅助生产车间一般应该（　　）。

A．按车间规模的大小顺序排列

B．按车间受益多少顺序排列

C．按车间规模大小或受益多少顺序排列

D．受益少的车间先将费用分配出去

5．采用代数分配法分配辅助生产费用时，分配结转辅助生产费用的会计分录中对应的借方账户主要有（　　）。

A．生产成本——辅助生产成本　　B．生产成本——基本生产成本

C．制造费用　　D．管理费用

三、判断题

1．辅助生产成本差异全部计入管理费用。（　　）

2．顺序分配法的缺点是计算过于简便。（　　）

3．计划成本分配法适合于厂内计划价格制定比较准确的企业。（　　）

4．代数分配法是根据代数中建立一元一次方程组的方法。（　　）

5．企业辅助生产成本明细账均无余额。（　　）

四、简答题

1．简述交互分配法的内容。

2．简述计划分配法分配辅助费用的步骤。

3．顺序分配法如何分配？

五、项目实训题

（一）项目实训目的

掌握辅助生产费用分配法的具体应用。

（二）项目实训资料及要求

实训资料：

松风工厂设有供电和供水两个辅助生产车间。20××年 5 月，供电车间待分配的生产费用 56 000 元，供水车间待分配费用 73 000 元。本月供电车间供电 76 000 度，其中，供水车间耗用 6 000 度，产品生产耗用 50 000 度，车间照明耗用 15 000 度，管理部门耗用 5 000 度。本月供水车间供水 45 000 吨，供电车间耗用 5 000 吨，生产产品耗用 35 000 吨，管理部门耗用 5 000 吨。

实训要求：

1．采用交互分配法分配辅助生产费用，填制辅助生产费用分配表（表 5-15）并编制会计分录。

2．采用直接分配法分配辅助生产费用。

表 5-15　辅助生产费用分配表

<table>
<tr><th colspan="3">项目</th><th colspan="3">交互分配</th><th colspan="3">对外分配</th></tr>
<tr><td colspan="3">辅助生产车间</td><td>供电车间</td><td>供水车间</td><td>合计</td><td>供电车间</td><td>供水车间</td><td>合计</td></tr>
<tr><td colspan="3">待分配费用</td><td></td><td></td><td></td><td></td><td></td><td></td></tr>
<tr><td colspan="3">劳务数量</td><td></td><td></td><td></td><td></td><td></td><td></td></tr>
<tr><td colspan="3">费用分配率</td><td></td><td></td><td></td><td></td><td></td><td></td></tr>
<tr><td rowspan="4">辅助生产车间</td><td rowspan="2">供电车间</td><td>数量</td><td></td><td></td><td></td><td></td><td></td><td></td></tr>
<tr><td>金额</td><td></td><td></td><td></td><td></td><td></td><td></td></tr>
<tr><td rowspan="2">供水车间</td><td>数量</td><td></td><td></td><td></td><td></td><td></td><td></td></tr>
<tr><td>金额</td><td></td><td></td><td></td><td></td><td></td><td></td></tr>
<tr><td colspan="2" rowspan="2">产品生产</td><td>数量</td><td></td><td></td><td></td><td></td><td></td><td></td></tr>
<tr><td>金额</td><td></td><td></td><td></td><td></td><td></td><td></td></tr>
<tr><td colspan="2" rowspan="2">车间消耗</td><td>数量</td><td></td><td></td><td></td><td></td><td></td><td></td></tr>
<tr><td>金额</td><td></td><td></td><td></td><td></td><td></td><td></td></tr>
<tr><td colspan="2" rowspan="2">管理部门</td><td>数量</td><td></td><td></td><td></td><td></td><td></td><td></td></tr>
<tr><td>金额</td><td></td><td></td><td></td><td></td><td></td><td></td></tr>
<tr><td colspan="2">分配金额合计</td><td></td><td></td><td></td><td></td><td></td><td></td><td></td></tr>
</table>

项目 6

制造费用的归集与分配

职业行动能力

- ◆ 掌握制造费用的归集与分配。
- ◆ 学会登记制造费用明细账。

学习任务目标

- ◆ 了解制造费用的概念。
- ◆ 掌握制造费用的构成内容。
- ◆ 理解制造费用分配的方法。

任务导入

一、案例资料

金川工厂20××年5月第一基本车间归集的制造费用为48 710元，资料如表6-1所示，该车间本月生产A、B两产品耗用的工时分别为3 000小时和5 500小时。

表 6-1　制造费用明细账

第一车间

20××年		凭证号数	摘要	机物料消耗	工资	职工薪酬	折旧费	修理费	劳动保护费	保险费	水电费	办公费	合计
月	日												
5	1	略	购买劳动保护用品						5 900			600	6 500
5	31		材料费用	7 000									7 000
5	31		工资及福利费		7 850	560							8 410
5	31		折旧费用				9 300						9 300
5	31		待摊费用							5 400			5 400
5	31		辅助生产费用					4 800			7 300		12 100
5	31		本月发生额合计	7 000	7 850	560	9 300	4 800	5 900	5 400	7 300	600	48 710
5	31		分配制造费用	7 000	7 850	560	9 300	4 800	5 900	5 400	7 300	600	48 710

二、讨论题

1. 根据表6-1的资料应如何分配制造费用？
2. 如果生产工时换成机器工时，制造费用又该如何分配？
3. 如何进行制造费用分配的账务处理？

任务 6.1　制造费用的归集

6.1.1　相关知识

1. 制造费用的概念

制造费用是指工业企业内部各车间或部门为生产产品或提供劳务而发生的各项间接费用。

2．制造费用的内容

制造费用主要包括车间管理人员的薪酬、修理费、折旧费、水电费、机物料消耗、劳动保护费、差旅费、季节性停工和修理期间的停工损失。

3．制造费用的归集

为了归集制造费用，企业应当设置“制造费用”账户。制造费用发生时，借记“制造费用”，贷记“原材料”、“应付职工薪酬”、“银行存款”、“应付账款”、“生产成本”等账户。并根据记账凭证登记制造费用总账和明细账。

知识延伸阅读

制造费用的分类

（1）间接费用。间接费用是指企业内部各部门或车间耗用的一般性消耗材料。

（2）间接人工费用。间接人工费用是指企业内部各部门或车间，除生产工人之外的管理人员、技术人员及辅助人员等的工资薪酬。

（3）其他制造费用。其他制造费用是指企业内部各部门或车间发生的不属于材料和人工的各种与产品生产有关的费用，包括设备的折旧费、修理费、保险费、差旅费和取暖费等。

6.1.2　实际操作

学中做

1．根据案例资料中表6-1的制造费用明细账来编制会计分录（不按产品进行分配）。

【解析】

借：生产成本——基本生产成本　　48 710

　　贷：制造费用——第一车间　　48 710

2．金山工厂加工车间本月生产A、B两种产品，A产品发生制造费用3 000元，B产品发生制作费用7 000元。要求：编制会计分录。

【解析】

借：生产成本——基本生产成本——A产品　　3 000

　　　　　　——基本生产成本——B产品　　7 000

　　贷：制造费用——加工车间　　10 000

小提示

制造费用明细账要根据不同车间进行登记。

任务 6.2 制造费用的分配

6.2.1　相关知识

1．分配的原则及方法

制造费用的分配是按各个车间进行的，月末时，企业应将各个车间在制造费用明细账中归集的制造费用直接转入或分配转入有关的成本项目中。

如果一个车间只生产一种产品，所发生的制造费用全部由该产品承担，月末计入该产品的生产成本中。如果一个车间生产两种或两种以上产品所发生的制造费用，应采用适当的分配方法计入各种产品的成本。

制造费用的分配方法包括生产工时比例分配法、生产工人工资比例分配法、机器工时比例分配法、年度计划费用分配率分配法。

2．生产工时比例分配法

生产工时比例分配法是指以各种产品所耗用的生产工时（包括定额工时或实际工时）为分配标准分配制造费用的方法。计算公式如下：

$$\text{某车间制造费用分配率}=\frac{\text{该车间归集的制造费用总额}}{\text{该车间各种产品耗用的生产工时总额}}$$

某车间某产品应分配的制造费用=该产品耗用的生产工时数×该车间制造费用分配率

3．生产工人工资比例分配法

生产工人工资比例分配法是按照计入各种产品成本的生产工人的实际工资为分配标准分配制造费用的方法。计算公式如下：

$$\text{某车间制造费用分配率}=\frac{\text{该车间归集的制造费用总额}}{\text{该车间各种产品的生产工人工资合计}}$$

某车间某产品应分配的制造费用=该产品的生产工人工资额×该车间制造费用分配率

小提示

如果生产工人工资是按照生产工时分配的，那么，按照生产工人工资比例分配制造费用，实际上就是按照生产工时分配制造费用。

4. 机器工时比例分配法

机器工时比例分配法是按照各种产品生产时所用机器设备运转时间的比例来分配制造费用的方法。计算公式如下：

$$某车间制造费用分配率=\frac{该车间归集的制造费用总额}{该车间各种产品生产时所用机器设备运转时间}$$

某车间某产品应分配的制造费用=该产品耗用机器设备运转工时×该车间制造费用分配率

小提示

机器工时比例分配法类似生产工时比例分配法，都是以工时为分配标准，一个是以生产工人的工时来分配制造费用，一个是以机器设备运转的工时来分配制造费用。

5. 年度计划费用分配率分配法

年度计划费用分配率分配法是指按照年度开始前预先制定的年度计划分配率分配以后各月制造费用的方法。计算公式如下：

$$某车间制造费用年度计划分配率=\frac{该车间年度计划制造费用总额}{该车间年度各种产品计划产量的定额工时合计}$$

某产品某月应分配制造费用=该产品该月实际工时×年度计划分配率

小提示

采用此方法分配制造费用时，不管各月实际发生的制造费用是多少，每月各种产品应分配的制造费用都是按年度计划分配率分配的。但在年度内，如果全年的制造费用实际总额与计划总额存在差异时，要及时调整计划分配率。

从上述公式可以看出，年度计划费用分配率法是按计划产量考虑的，与实际产量会存在差异，所以，“制造费用”账户月末结转后可能有余额；余额在借方表示实际发生的费用大于计划发生的费用，应用蓝字补充登记；余额在贷方表示实际发生的费用小于计划发生的费用，应用红字冲减登记。对于计划与实际差异额的计算如下：

$$差异额分配率=\frac{差异额}{按年度计划分配率分配的制造费用}$$

某产品应分配的差异额=某产品按计划分配率分配的制造费用×差异额分配率

小提示

年度计划分配率分配法核算比较简单，但特别适用于季节性生产企业，因为季节性生产企业的淡季和旺季月产量差异较大。

知识延伸阅读

制造费用机器工时的确定

由于企业车间和部门生产产品时使用的机器设备不完全相同，有型号和精密程度的差异，所以每小时制造费用的水平也会存在差异，为了平衡差异，企业可将机器设备归类，以各类机器设备每小时的折旧、保养费等为依据，确定工时折合系数，然后将机器设备工时折合为标准工时，按照标准工时来分配制造费用。

6.2.2　实际操作

学中做

1．根据案例资料及表 6-1 所示内容，按照生产工时分配法分配制造费用。

【解析】

制造费用分配率=48 710÷（3 000+5 500）=5.73

A 产品应分配的制造费用=5.73×3 000=17 190（元）

B 产品应分配的制造费用=48 710−17 190=31 520（元）

会计分录如下：

借：生产成本——基本生产成本——A 产品　　17 190

　　　　　　　　基本生产成本——B 产品　　31 520

　　贷：制造费用——第一车间　　48 710

2．金星工厂全年计划制造费用总额 80 000 元，20××年生产情况如表 6-2 所示，年末制造费用实际发生额 76 000 元，按计划分配率甲产品已分配 33 000 元，乙产品已分配 47 000 元。要求：(1) 按年度计划费用分配率分配法分配 1 月份制造费用。(2) 计算全年差异调整分配率和甲、乙产品应调整的金额。(3) 编制制造费用调整额的会计分录。

表 6-2　生产情况表

20××年

全年计划生产情况			一月份实际生产情况	
产品名称	产量（台）	工时定额	产量（台）	一月份制造费用总额
甲产品	2 300	5	90	
乙产品	4 600	6	120	
合计				3 500

【解析】

(1) 全年计划制造费用分配率=80 000÷（2 300×5+4 600×6）=2.05

一月份甲产品应分配制造费用=90×5×2.05=922.5（元）

一月份乙产品应分配制造费用=120×6×2.05=1476（元）

（2）全年制造费用差异额=76 000−80 000=−4 000（元）

调整比率=−4 000÷（33 000+47 000）=−0.05

甲产品调整金额-0.05×33 000=−1 650（元）

乙产品调整金额-4 000−（−1 650）=−2 350（元）

甲产品全年实际应分配制造费用=33 000−1 650=31 350（元）

乙产品全年实际应分配制造费用=47 000−2 350=44 650（元）

（3）制造费用调整金额的会计分录如下：

借：生产成本——基本生产成本——甲产品　　1 650

　　　　　　　　　　　　　　——乙产品　　2 350

　贷：制造费用　　4 000

6.2.3 职业技能训练

项目 6 职业技能训练安排，如表 6-3 所示。

表 6-3　项目 6 职业技能训练安排

技能要求	如何进行制造费用归集和分配的运用
技能目标	通过填写制造费用分配表和登记制造费用明细账，让学生掌握制造费用分配表的编制和制造费用明细账的登记
技能内容	1．设计制造费用分配业务案例，根据业务内容让学生采用不同的分配方法进行费用的分配 2．让学生运用 Excel 应用软件进行制造费用分配表的编制和制造费用明细账的登记
技能组织	1．要求每个学生进行 Excel 表格的填制 2．将学生分成几个小组选择一种方法，进行计算分配
技能考核	1．要求每组学生选择一个案例进行情况分析后，写出报告或小结 2．教师评阅后，根据所交材料与交流中的表现进行评估打分

项目测试题

一、单选题

1．制造费用是（　　）。

A．间接生产费用

B．间接计入费用

C．应计入产品成本的各项生产费用

D．应计入产品成本，未专设成本项目的各项生产费用

2．为了提高制造费用分配结果的合理性，可将与机器设备使用有关的费用按（　　）分配，与管理、组织生产发生的费用按生产工时比例分配。

A．生产工时比例　　B．机器工时比例

C．生产工人定额工时比例　　D．年度计划分配率

3．季节性生产车间，其制造费用的分配宜采用（　　）。

A．年度计划分配率分配法　　B．机器工时比例分配法

C．生产工人定额工时比例分配法　　D．生产工人工资比例分配法

4．“制造费用”借方余额表示（　　）。

A．预付费用　　B．应付未付的费用

C．预提费用　　D．长期待摊费用

5．为了简化核算工作，制造费用的费用项目应按（　　）设立相应的费用项目。

A．相同性质的费用　　B．是否直接用于产品生产

C．是否间接用于产品生产　　D．是否用于组织和管理生产

6．下列选项中不属于“制造费用”项目的是（　　）。

A．试验检验费　　B．融资租赁费

C．在产品的盘亏、毁损和报废　　D．季节性及修理期间的停工损失

7．生产工人工资比例分配法适用于（　　）。

A．季节性生产的车间

B．工时定额较准确的车间

C．各种产品生产的机械化度相差不多的车间

D．机械化程度较高的车间

8．下列方法适用于季节性生产车间、部门的是（　　）。

A．年度计划分配率分配法　　B．生产工时比例分配法

C．生产工人工资比例分配法　　D．生产机器工时比例分配法

9．“制造费用”的费用项目不包括（　　）。

A．试验检验费　　B．在产品的盘亏、毁损

C．融资租赁费　　D．季节性及修理期间的停工损失

10．分厂用于组织和管理生产的费用应计入（　　）科目。

A．“辅助生产成本”　　B．“基本生产成本”

C．“管理费用”　　D．“制造费用”

二、多选题

1．下列属于工业企业制造费用的有（　　）。

A．生产工人劳动保护费　　B．生产车间管理用具摊销

C．自然灾害引起的停工损失　　D．机器设备的折旧费

2．在生产多种产品的分厂，其发生的制造费用（　　）。

A．包括全部的间接生产费用　　B．均为间接计入费用

C．包括全部的直接生产费用　　D．均应分配计入各种产品成本

3．“制造费用”总账及其所属明细账月末有贷方余额表示（　　）。

A．应付未付费用　　B．负债　　C．资产　　D．预付费用

4．下列属于制造费用的有（　　）。

A．生产单位固定资产折旧费　　B．季节性修理期间停工损失

C．生产单位照明用电费　　D．生产单位管理人员工资

5．制造费用的分配方法包括（　　）。

A．生产工人工资比例法　　B．机器工时比例法

C．年度计划分配率分配法　　　　　　D．顺序分配法

三、判断题

1．在生产多种产品的车间中，制造费用是间接计入费用，应采用适当方法分配计入各种产品成本。（　）

2．不论采用何种方法分配制造费用，"制造费用"科目年末都没有余额。（　）

3．制造费用期末如有余额，只能在借方。（　）

4．在产品生产的机械化程度相差不多的情况下，可采用生产工人工时比例法分配制造费用。（　）

5．企业制造费用分配方法一经确定，不得随意变更。（　）

四、简答题

1．什么是制造费用？

2．制造费用包括哪些内容？

3．制造费用的分配方法是什么？

五、项目实训题

（一）项目实训目的

熟记并掌握制造费用的分配方法。

（二）项目实训资料及要求

1．实训资料：风化工厂20××年8月生产车间制造费用总额47 500元，该车间本月实际完成生产工时43 000小时，其中，生产甲产品20 000小时，乙产品18 000小时，丙产品5 000小时。

实训要求：采用生产工时分配法，分配制造费用。

2．实训资料：基本生产车间同时生产甲、乙两种产品，本期共发生制造费用9 000元，甲产品生产工人工资为2 300元，乙产品生产工人工资为2 350元。

实训要求：采用生产工人工资比例法分配制造费用。

3．实训资料：某企业的一车间全年计划制造费用为75 000元，各种产品全年定额工时为50 000小时。12月份A产品实际产量的定额工时为3 400小时，B产品实际产量的定额工时2 100小时，年末该车间共发生制造费用77 000元，1月—11月按计划分配率分配的制造费用A产品34 530元，B产品为20 300元。

实训要求：计算制造费用年度计划分配率；计算12月份A、B两种产品各应分配的制造费用；计算全年按计划分配率分配的制造费用；计算制造费用实际发生额和计划分配额之间的差异；计算差异分配率。

项目 7

生产损失的核算

职业行动能力

- ◆ 会对废品损失和停工损失进行归集和分配
- ◆ 能够登记废品损失明细账。

学习任务目标

- ◆ 了解废品损失和停工损失的含义和构成内容。
- ◆ 掌握废品成本的确定方法。
- ◆ 熟悉废品损失和停工损失的账务处理。

任务导入

一、案例资料

1. 20××年9月通天企业基本生产车间生产甲产品5 000件，生产过程中发现不可修复废品90件。合格品的生产工时为5 430小时，废品的生产工时为200小时。5 000件产品共发生费用700 000元，其中材料费用300 000元，直接人工170 000元，制造费用230 000元。回收的废品残值890元。材料费用按照合格品与废品的数量比例分配，制造费用和人工费用按合格品和废品的工时比例分配。

2. 该企业10月份生产甲产品7 000件，在生产过程中发现可修复废品75件。共发生修复材料费用1 700元，工人工资6 500元，职工福利570元，制造费用490元。

3. 该企业2月第一基本生产车间，大量生产丙产品。第一车间由于供料商违约，导致车间停工待料2天，停工期间应支付生产工人工资6 300元，应负担制造费用2 100元；原材料供应商同意补偿3 400元。

二、讨论题

1. 废品回收的残值如何处理？
2. 材料费用、制造费用和人工费用如何进行分配？
3. 不可修复废品成本如何计算？
4. 可修复废品的会计分录如何编制？
5. 停工损失的会计分录如何编制？
6. 停工净损失如何计算？

任务7.1 废品损失的核算

7.1.1 相关知识

1. 生产损失的概念及内容

生产损失是指企业生产过程中，因产品报废、生产停工、产品盘亏或毁损等造成的各种人力、物力、财力上的损失。

生产损失包括生产过程中由于生产人员的疏忽而发生的废品、不合格品或生产设备故障而发生的废品；由于供电等方面造成的停工过程中损失的工人工资、制造费用等。

2．废品损失及内容

废品损失是指企业因产生废品而造成的损失，包括可修复废品和不可修复废品。

可修复废品是指技术上可以修复，并且支付修复费用在经济上合算的废品；不可修复废品是指技术上不可修复，或者虽可修复，但在经济上不合算的废品。

小提示

产品质量虽不符合规定的技术标准，但经检验不需要返修，可降价出售的产品，应作为次品处理，其降价损失，冲减销售收入，不能作为废品处理；当产品形成完工产品入库后，由于保管不善等原因造成产品的毁损，应作为管理费用处理，不能作为废品损失处理；企业因实行“三包”而发生的损失，应作为销售费用处理，同样不能作为废品损失处理。

3．废品损失核算原始凭证的编制

在产品检验过程中，当确定为废品时，应由产品检验部门填制“废品通知单”，其格式如表 7-1 所示。“废品通知单”填列的内容包括废品的名称、数量、发生废品的原因及相关责任人。

表 7-1　废品通知单

20××年×月

产品名称	计量单位	定额工时	废品数量	形成废品的原因

小提示

“废品通知单”一般一式三联，一联由生产单位保存，一联交质量检验部门保存，一联交财会部门核算废品损失。会计人员应根据“废品通知单”填列的内容进行审核，审核无误后，作为废品核算的依据。

4．废品损失核算的账户设置

企业为了单独核算废品损失，可单独设置“废品损失”账户，此账户借方登记可修复废品的修复费用和不可修复废品的生产成本，贷方登记回收废品的残值和责任人赔偿，月末由“废品损失”账户贷方转入“生产成本”账户的借方。也可在生产成本账户下设置“废品损失”二级明细账。

小提示

对于废品损失的核算，企业可以采取单独核算，也可采取不单独核算。单独核算月末结转后无余额；不单独核算，回收的废品残值和责任人赔偿，可直接冲减“生产成本”明细账中的“直接材料”、“直接人工”和“制造费用”。

7.1.2 不可修复废品的核算

1. 按实际成本计算废品损失

（1）不可修复废品入库时。单位合格品与废品应负担相同的费用，即实际发生的全部费用在合格品和废品之间进行分配，计算出废品的实际生产成本。计算公式如下：

$$某项生产费用分配率=\frac{该项生产费用}{合格品数量+废品数量}$$

废品应负担生产费用额=废品数量×分配率

（2）生产过程中发生废品。原材料应按产量进行费用分配，人工和制造费用按工时进行费用分配。

$$直接材料费用分配率=\frac{直接材料费用总额}{合格品数量+废品数量}$$

废品应负担材料费用=废品数量×材料费用分配率

$$直接人工（制造费用）分配率=\frac{直接人工（制造费用）总额}{合格品生产工时+废品生产工时}$$

废品应负担材料费用=废品生产工时×人工（制造）费用分配率

小提示

废品按实际成本计算损失，其结果较为准确，但是核算工作量较大，不利于及时控制废品损失。

2. 按定额成本计算废品损失

在定额管理基础较好的企业，可按定额费用计算不可修复废品成本。即按不可修复废品的数量和事先确定的工时定额和各种费用定额计算不可修复废品的生产成本。

小提示

废品定额计算成本法不考虑废品实际发生的费用，实际成本与定额成本的差异额全部由合格品负担。

3. 不可修复废品损失计算表的编制

废品损失计算表按成本项目进行登记，其格式如表 7-2 所示。

表 7-2 废品损失计算表

××车间　　　　20××年×月　　　　金额单位：元

项目	数量（件）	直接材料	生产工时	直接人工	制造费用	合计
生产费用总额						
分配率						

续表

项目	数量（件）	直接材料	生产工时	直接人工	制造费用	合计
废品成本						
减：废品赔偿						
减：残值						
废品净损失						

4．不可修复废品损失的账务处理

不可修复废品成本应根据废品损失计算单进行账务处理。编制会计分录如下：

（1）结转不可修复废品成本

借：废品损失——××产品

　　贷：生产成本——基本生产成本——直接材料

　　　　　　　　　　　　　　　　——制造费用

　　　　　　　　　　　　　　　　——直接人工

（2）回收废品残值

借：原材料

　　贷：废品损失——××产品

（3）应收过失人赔偿

借：其他应收款——××

　　贷：废品损失——××产品

（4）将废品净损失转入合格品成本

借：生产成本——基本生产成本——××产品

　　贷：废品损失——××产品

知识延伸阅读

西方废品损失核算的处理方法

西方将废品分为正常废品和非正常废品。将正常废品损失作为产品成本处理，将非正常的废品损失作为期间成本处理，计入当期损益。正常废品损失的成本计算包括以下两种方法：

（1）正品承担法

产品单位成本=应分担的成本总额/（开工产量−废品数量）

（2）废品分配法

产品单位成本=应分担的成本总额/（正品数量+废品数量）

7.1.3　实际操作

学中做

1．根据案例资料 1 中不可修复废品的资料，采用实际成本计算废品成本，按照工时分配直接人工和制造费用，按照产品数量分配直接材料费用，编制废品损失计算表。

【解析】

废品损失计算表如表 7-3 所示。

表 7-3 废品损失计算表

基本车间　　20××年 9 月　　金额单位：元

项目	数量（件）	直接材料	生产工时	直接人工	制造费用	合计
生产费用总额	5 000	300 000	5 630	170 000	230 000	700 000
分配率		60		30.20	40.85	
废品成本	90	5 400	200	6 040	8 170	19 610
减：残值		890				
废品净损失		4 510		6 040	8 170	18 720

（1）结转不可修复废品成本

借：废品损失——甲产品　　19 610

　　贷：生产成本——基本生产成本——直接材料　　5 400

　　　　　　　　　　　　　　　　——直接人工　　6 040

　　　　　　　　　　　　　　　　——制造费用　　8 170

（2）回收废品残值

借：原材料　　890

　　贷：废品损失——甲产品　　890

（3）将废品净损失转入合格品成本

借：生产成本——基本生产成本——甲产品　　18 720

　贷：废品损失——甲产品　　18 720

2. 永明企业 20××年 3 月第一基本生产车间生产 A 产品 2 000 台，验收时发现不可修复废品 80 台。原材料在生产开始时一次投入，单位产品的直接材料费用消耗定额 95 元。废品的定额工时为 120 小时，单位工时的直接人工费用定额 25 元、单位工时的制造费用定额为 10 元。回收残值 210 元。要求：采用定额成本计算不可修复废品成本。

【解析】

废品损失计算表如表 7-4 所示。

表 7-4 废品损失计算表

第一基本车间　　20××年 3 月　　单位：元

项目	数量（台）	直接材料	生产工时	直接人工	制造费用	合计
费用定额		95		25	10	
废品定额成本	80	7 600	120	3 000	1 200	11 800
减：残值		210				210
废品净损失		7 390		3 000	1 200	11 590

任务 7.2 可修复废品的核算

7.2.1　相关知识

1. 可修复废品损失的界定

可修复废品在技术上可以修复，并且支付修复费用在经济上合算的废品。可修复废品的修复费用包括材料费用、人工费用和应负担的制造费用等。

2. 可修复废品损失发生各种修复费用的归集

可修复的材料费用可根据有关领料凭证确定；人工费用有的可以直接确定，有的可根据修复时间和小时工资率确定；而制造费用不能直接确定，可根据修复废品实际消耗的工时来确定。

3. 可修复废品损失的账务处理

对于返修过程中发生的各种修复费用，借记“废品损失”账户，贷记“原材料”、“应付职工薪酬”、“制造费用”等账户。如有回收的残值和责任人赔偿，应根据有关凭证，借记“原材料”、“其他应收款”等账户，贷记“废品损失”账户。最后将废品净损失借记“生产成本”账户，贷记“废品损失”账户。

7.2.2　实际操作

学中做

1. 根据案例资料 2 中的资料核算可修复废品净损失并编制可修复废品损失的会计分录。

【解析】

可修复废品净损失=1 700+6 500+570+490=9 260 元

借：废品损失——甲产品	9 260	
贷：原材料		1 700
应付职工薪酬——工资		6 500
——福利费		570

制造费用　　　　490

借：生产成本——基本生产成本——甲产品　　　　9 260

　　贷：废品损失——甲产品　　　　9 260

2．东风公司20××年8月生产乙产品900件，生产过程中发现23件可修复废品。在修复过程中，发生修复材料费用670元，人工费用340元，制造费用770元。应由责任人赔偿90元。要求：根据上述资料编制会计分录。

【解析】

借：废品损失——乙产品　　　　1 780

　　贷：原材料　　　　670

　　　　应付职工薪酬　　　　340

　　　　制造费用　　　　770

借：其他应收款——××　　　　90

　　贷：废品损失——乙产品　　　　90

借：生产成本——基本生产成本——乙产品　　　　1 690

　　贷：废品损失——乙产品　　　　1 690

7.2.3 职业技能训练

项目7任务7.2职业技能训练安排，如表7-5所示。

表7-5　项目7任务7.2职业技能训练安排

技能要求	如何进行废品损失的计算与核算
技能目标	通过填写废品损失计算表和登记废品损失明细账，让学生掌握废品损失计算表和废品损失明细账的登记
技能内容	1．设计废品损失的业务案例，根据业务内容让学生对废品损失进行分配 2．让学生运用Excel应用软件进行废品损失计算表和废品损失明细账
技能组织	要求每个学生进行Excel表格的填制，对废品损失进行计算分配
技能考核	1．要求每组学生选择一个案例进行情况分析后，写出报告或小结 2．教师评阅后，根据所交材料与交流中的表现进行评估打分

任务 7.3 停工损失的核算

7.3.1　相关知识

1. 停工损失的内容

停工损失是指企业的生产车间或车间内某个班组，在停工期间内发生的各项费用，包括停工期间发生的燃料及动力费、损失的材料费用、应支付的工人薪酬等。

小提示

在生产过程中，导致停工的原因很多，有季节性停产、机器设备修理停产、自然灾害停产等。停工损失一般计入产品成本，但不是所有的停工损失都要计入产品成本。对于自然灾害引起的停工损失，应计入营业支出。不满一个工作日的停工，一般可以不计算停工损失。

2. 停工损失核算的账户设置

为了核算企业的停工损失，可以单独设置“停工损失”总账户，也可在“生产成本”总账下设置“停工损失”二级明细账。“停工损失”账户借方登记因停工发生的各项费用，贷方登记责任人和保险公司赔偿以及结转的停工损失，该账户月末一般没有余额，若有余额，月末该企业仍处于停工状态，其停工损失可以不结转，待停工结束后再进行结转。

3. 停工损失报告单的编制

《停工损失报告单》是计算停工损失的主要原始凭证，应由生产单位有关人员填写，报送厂部有关部门，积极查明原因，尽快恢复生产。该单应填列停工范围、时数、原因及过失单位，并要查明原因，明确责任单位或个人。只有审核无误的“停工损失报告单”，才能作为核算停工损失的原始凭证。

4. 停工损失的账户处理

企业发生停工时，借记“停工损失”账户，贷记“原材料”、“应付职工薪酬”、“制造费用”等账户；企业应收责任人的赔偿，借记“其他应收款”账户，贷记“停工损失”账户；结转停工的净损失，借记“生产成本”账户，贷记“停工损失”账户；如果是自然灾害引起的停工损失，借记“营业外支出”账户，贷记“停工损失”账户。

小提示

对于较少发生停工损失的企业来说，可以不单独设置“停工损失”账户，停工期间发生的各项费用，计入“制造费用”、“营业外支出”等账户。

知识延伸阅读

停工损失的计量

从内容上看，这里所指的停工损失属于直接损失，即指由停工直接导致的各项支出。对这部分停工损失的计量，其标准、方法和费用的计量是类似的。从广义角度理解，停工损失还包括间接损失，即指由停工带来的、不易被立即察觉到的各项支出。如因停电、停水或设备故障导致无法在规定期限履行合同而承担的经济赔偿等。国内外目前在会计上所确认的停工损失不包括间接费用，其原因之一是对间接停工损失的计量非常困难，仍有待在会计实践中进一步研究。

7.3.2 实际操作

学中做

1．根据任务导入案例 3 中计算停工净损失。

【解析】

净损失=6 300+2 100−3 400=5 000 元

借：停工损失——第一车间　　8 400
　　贷：应付职工薪酬　　6 300
　　　　制造费用——第一车间　　2 100
借：其他应收款——材料供应商　　3 400
　　贷：停工损失——车间　　3 400
借：生产成本——基本生产成本——丙产品　　5 000
　　贷：停工损失——第一车间　　5 000

2．风范公司 20××年 5 月第一车间生产甲产品，停工损失 7 800 元全部计入产品成本；第二车间由于外部供电原因造成停工损失 9 800 元，市供电局同意赔偿 6 500 元，净损失 3 300 元列入营业外支出。根据资料编制停工损失会计分录。

【解析】

借：生产成本——基本生产成本——甲产品　　7 800
　　贷：停工损失——第一车间　　7 800
借：其他应收款——供电局　　6 500
　　营业外支出——非常损失　　3 300
　　贷：停工损失——第二车间　　9 800

项目测试题

一、单选题

1. 结转不可修复废品的生产成本时，应借记“废品损失”科目，贷记（　）。

　　A．“生产成本——基本生产成本”科目　　B．“原材料”科目

　　C．“应付工资”科目　　D．“制造费用”科目

2. 不可修复废品的生产成本减去残值和赔款后的净损失，应由（　）。

　　A．本月的制造费用负担　　B．本月的营业外支出负担

　　C．本月的同种产品的成本负担　　D．本月的管理费用负担

3. 下列各项中属于可修复废品损失的是（　）。

　　A．返修过程中发生的修复费用

　　B．返修以前发生的生产费用加上返修时发生的修复费用

　　C．返修以前发生的生产费用

　　D．可修复废品的生产成本

4. 应计入产品成本的停工损失是（　）。

　　A．由于暴雨造成的停工损失

　　B．季节性和固定资产修理期间的停工损失

　　C．应有过失单位赔偿的停工损失

　　D．由于火灾造成的停工损失

5. 因保管不善等原因使合格品损坏变质带来的损失应计入（　）。

　　A．管理费用　　B．制造费用

　　C．营业外支出　　D．生产成本

6. 不可修复废品的生产成本可以按（　）计算。

　　A．消耗定额　　B．费用定额

　　C．定额费用　　D．定额消耗

7. 废品净损失应计入（　）。

　　A．税后利润　　B．同种合格品成本

　　C．营业成本　　D．营业外支出

8. 在不单独核算停工损失的企业，由于固定资产修理造成的停工损失，在发生时应计入（　）。

　　A．“制造费用”的借方　　B．“营业外支出”的借方

　　C．“停工损失”的借方　　D．“基本生产成本”的借方

9. 在不单独核算停工损失的企业，回收废品残料时应借记“原材料”科目，贷记（　）。

　　A．“废品损失”科目　　B．“基本生产成本”科目

　　C．“制造费用”科目　　D．“管理费用”科目

10. 若将不可修复废品的生产成本按所耗实际费用计算，改按定额费用计算，则会使产品的（　）。

　　A．实际总成本不变，各成本项目金额变化

B．实际总成本变化，各成本项目金额变化

C．实际总成本变化，各成本项目金额不变

D．实际总成本不变，各成本项目金额不变

二、多选题

1．不属于废品损失的有（　　）。

A．可修复废品的修复费用

B．可以降低出售的不合格品的降价损失

C．产成品入库后由于保管不善而损坏变质

D．入库后发现的不可修复废品的净损失

2．“废品损失”借方登记的内容包括（　　）。

A．可修复废品返修过程中发生的材料费用

B．可修复废品返修过程中发生的人工费用

C．不可修复废品的生产成本

D．结转的废品净损失

3．应计入停工损失的包括（　　）。

A．季节性停工损失　　B．固定资产修理期间的停工损失

C．不满一个工作日的停工　　D．电路维修造成的停工损失

4．废品损失的内容有（　　）。

A．销售退回废品的生产成本　　B．保管不善产生废品的报废费用

C．不可修复废品的净损失　　D．可修复废品的修复费用

5．停工损失的内容包括（　　）

A．停工期内应支付的生产工人薪酬　　B．停工期间内耗用的燃料和动力费

C．停工期内应负担的制造费用　　D．季节性生产企业停工期内的费用

三、判断题

1．企业只有发生停工，就要计算提供损失。（　　）

2．产品入库，由于管理不善造成的损失不作为废品损失处理。（　　）

3．自然灾害引起的非正常停工损失，应计入管理费用。（　　）

4．《停工报告单》无须审核，即可作为原始凭证。（　　）

5．损失性费用没有创造价值，不应计入产品成本。（　　）

四、简答题

1．什么是废品？

2．停工损失的内容包括哪些？

3．废品损失的内容包括哪些？

五、项目实训题

（一）项目实训目的

熟悉废品损失和停工损失费用分配的账务处理。

（二）项目实训资料及要求

1．实训资料：北华工厂 20××年 5 月完工甲产品 2 000 件，1 900 件合格品，不可修复废品 100 件；本月甲产品生产费用直接材料 33 450 元，直接人工 45 200 元，制造费用 57 300 元。甲产品月初和月末均没有在产品，产品生产时原材料在生产开始一次全部投入，废品材料按合格品同等负担；废品的人工和制造费用在合格品和废品间进行分配，将 100 件废品折合为 85 件合格品。本月不可修复废品回收残料价值 2 000 元，由过失人赔偿 1 400 元。

实训要求：计算废品成本及净损失，编制会计分录。

2．实训资料：海天工厂第一车间本月由于机器设备维修，停工 7 天，停工期间应支付工人工资 7 600 元，应分摊制造费用 500 元。第二车间由于供电设备维修停工 2 天，停工期间损失材料费用 6 500 元，应支付工人工资 4 500 元，应分摊制造费用 340 元。

实训要求：编制会计分录。

项目8

生产费用在完工产品与在产品之间的分配和归集

职业行动能力

◆ 能够进行在产品的收发结存数量的日常核算和在产品清查的核算。
◆ 能够选择不同的分配方法将产品成本在完工产品与在产品之间进行分配。
◆ 学会编制产品成本计算单。

学习任务目标

◆ 了解在产品的含义及在产品收发结存核算。
◆ 理解在产品数量与产品成本计算的关系。
◆ 掌握产品成本在完工产品与在产品之间的分配方法。

任务导入

一、案例资料

1. 通过成本会计的学习，红旗公司成本核算会计孙亮掌握了各项费用的归集与分配方法。在计算公司生产的 A、B 两种产品的成本中，由于 A、B 两种产品属于批量多步骤生产，月末存在部分完工、部分未完工的产品。孙亮认为 A、B 两种产品月末在产品数量以及变化较大，产品成本中原材料、人工费用及间接费用的比重相差不大，应采用约当产量法计算月末在产品和完工产品成本。

2. 红旗公司生产丙产品，月初在产品的直接材料费用为 5 500 元，直接人工 4 500 元，制造费用 6 000 元；本月费用为：直接材料 18 500 元，直接工资 16 300 元，制造费用 26 500 元；完工产品的定额原材料费用为 16 000 元，定额工时为 11 000 小时。月末在产品的定额材料费为 4 000 元，定额工时为 2 000 小时。在完工产品与月末在产品之间，直接材料费用按定额费用比例分配，其他各项费用按定额工时比例分配。

二、讨论题

1. 对在产品和完工产品成本进行分配有哪些分配方法？

2. 案例资料 1 中孙亮应该采用哪种方法进行在产品与完工产品成本的分配？

3. 案例资料 2 中红旗公司应该如何计算丙产品成本？

任务 8.1 生产费用在完工产品与在产品之间分配的准备

8.1.1 相关知识

1. 在产品与完工产品的概念与界定

在产品也称在制品，是指没有完成全部生产过程，不能作为商品销售的产品。在产品有狭义和广义之分。

狭义在产品是指某一车间或某一生产步骤正在加工阶段中的在产品；广义在产品则是从整个企业范围来说，包括正在车间加工中的产品和已经完成一个或几个生产步骤，但还需继续加工的半成品以及未经验收入库的产品和等待返修的废品。

在产品数量的核算，应同时具备账面核算资料和实际盘点资料，根据在产品业务核算资料的期末结存量计算在产品成本。做好在产品收发结存的日常核算工作和在产品的清查工作，既可以从账面上随时掌握在产品的动态，又可以查清在产品的实存数量，能够正确计算产品成本并加强生产资金和在产品实物管理。

完工产品是指在一个企业内已完成全部生产过程，按规定标准检验合格、可供销售的产品，也称“产成品”或“成品”。产品在生产过程中，根据生产不同阶段可分为待产品、在产品、半成品、产成品（完工产品）。

2．在产品成本与完工产品成本的关系

基本生产车间在生产过程中发生的各项费用，已经集中反映在“生产成本——基本生产成本”科目及其明细账的借方，这些费用都是本月发生的产品费用，并不是本月完工产成品的成本。要计算出本月产成品成本，还要将本月发生的生产费用，加上月初在产品成本，然后将其在本月完工产品和月末在产品之间进行分配，以求得本月产成品成本。

本月发生的生产费用和月初、月末在产品及本月完工产成品成本四项费用的关系可用下列公式表达：

月初在产品成本+本月生产费用=本月完工产品成本+月末在产品成本

3．在产品的日常管理

企业在产品品种规格多，又处于不断流动之中，在产品数量的日常核算是一个比较复杂的问题。从加强实物管理的角度出发，企业必须设置有关账簿，来反映在产品的收入、转出（发出）和结存情况。在设有半成品仓库的企业，自制半成品的收入、发出和结存，应当比照原材料收入、发出和结存的核算设置有关凭证和账簿，组织自制半成品数量的日常核算。

各生产单位或生产步骤在产品收入、转出（发出）和结存的日常核算，可以通过设置“在产品台账”来进行。“在产品台账”应当分生产单位（车间、分厂）或生产步骤（生产工序），并按照产品品种和在产品（零部件）名称设置。简化的在产品台账格式如表 8-1 所示。

表 8-1　在产品台账

生产车间：　　工序：　　在产品名称：　　数量单位：

日期	凭证号	摘要	收入	发出		结存		备注
				合格品	废品	完工	未完工	

小提示

车间在产品收发结存的日常核算通常是通过“在产品收发结存账”（即在产品台账）进行的，该账分车间并按照产品品种和在产品的名称（零部件名称）设置，提供车间各种在产品收发结存动态的业务核算资料。

“在产品台账”应当根据有关领料凭证、在产品内部转移凭证、产品检验凭证和产品交

库单等原始凭证逐笔登记。生产单位的核算人员应对“在产品台账”的登记情况进行审核和汇总。“在产品台账”的设置，使企业可以从账面上随时掌握在产品动态；在账面结存数与实际结存数核对以后，又可以为计算月末在产品成本提供资料。由于在产品品种多、数量大，每月组织在产品数量的盘点核对有困难时，可以直接根据“在产品台账”提供的月末在产品结存数量来计算月末在产品成本。

4．在产品清查的核算

在产品与其他存货一样，是企业的重要资产，企业应当定期进行在产品的清查盘点，做到账实相符，保证在产品的安全、完整。

在产品的清查采用实地盘点法。应当根据清查结果编制《在产品盘点盈亏报告表》（表 8-2），列明月末在产品的账面结存数，实际结存数，盘盈、盘亏和毁损数，以及盈亏原因和处理意见等。成本会计人员应对《在产品盘点盈亏报告表》进行认真审核，按照企业内部财务会计制度规定的审批程序报有关部门审批，并及时进行账务处理。

表 8-2　在产品盘点盈亏报告单

填报单位：××车间　　　　　　　　　　20××年×月×日

<table>
<tr><th rowspan="2">产品名称</th><th rowspan="2">单位</th><th rowspan="2">账存数量</th><th rowspan="2">盘存数量</th><th colspan="2">盈亏数量</th><th rowspan="2">单位定额成本</th><th colspan="2">盈亏金额</th></tr>
<tr><th></th><th></th><th></th><th></th></tr>
<tr><td></td><td></td><td></td><td></td><td></td><td></td><td></td><td></td><td></td></tr>
<tr><td></td><td></td><td></td><td></td><td></td><td></td><td></td><td></td><td></td></tr>
<tr><td>处理意见</td><td colspan="2"></td><td>审批意见</td><td colspan="2"></td><td>盈亏原因</td><td colspan="2"></td></tr>
</table>

为了反映在产品盘盈、盘亏和毁损的处理过程，应当设置“待处理财产损溢”账户。盘亏和毁损在产品价值登记在其借方，盘盈在产品价值登记在其贷方，盘盈、盘亏、毁损在产品经批准转销后，该账户应无余额。

企业盘盈的在产品，批准后冲减管理费用；盘亏、毁损的在产品，批准后扣除过失人或者保险公司赔款和回收的残料价值，计入管理费用。在产品因非常损失造成的毁损，批准后扣除保险公司赔款和回收的残料价值，计入营业外支出。

小提示

对于库存半成品和辅助生产的在产品的数量和清查的核算，与基本生产相同。只是它们清查的结果分别在“自制半成品”和“辅助生产成本”科目中核算。

5．完工产品和在产品之间分配费用的方法

如何既合理又较简便地在完工产品和月末在产品之间分配费用，必须结合企业在产品数量的多少、各月在产品数量变化的大小、各项费用比重的大小以及定额管理基础的好坏等具体条件采用适当的分配方法。通常采用的分配方法有不计算在产品成本法、按年初数固定计算在产品成本法、在产品按所耗原材料费用计价法、在产品按完工产品成本计算法、在产品按定额成本计价法、约当产量比例法、定额比例法。

8.1.2 实际操作

学中做

天海公司的基本生产车间在产品清查结果如下：A 产品的在产品盘盈 15 件，单位定额成本 20 元；B 产品的在产品盘亏 9 件，单位定额成本 30 元；过失人赔款 50 元；C 产品的在产品毁损 250 件，单位定额成本 28 元，残料入库作价 150 元。属于自然灾害损失 2 000 元，应由保险公司赔偿 3 000 元，其余损失计入成本。领导已经批准转账。

【解析】

（1）在产品盘盈的核算

盘盈时：

借：生产成本——基本生产成本——A 产品	300	
贷：待处理财产损溢		300

批准处理时：

借：待处理财产损溢	300	
贷：制造费用		300

（2）在产品盘亏的核算

盘亏时：

借：待处理财产损溢	270	
贷：生产成本——基本生产成本——B 产品		270

批准处理时：

借：其他应收款	50	
制造费用	220	
贷：待处理财产损溢		270

（3）在产品毁损的核算

毁损时：

借：待处理财产损溢	7 000	
贷：生产成本——基本生产成本——C 产品		7 000

残料：

借：原材料	150	
贷：待处理财产损溢		150

批准处理时：

借：其他应收款（或银行存款）	3 000	
营业外支出	2 000	
制造费用	1 850	
贷：待处理财产损溢		6 850

任务 8.2　生产费用分配先确定在产品成本的方法

计算完工产品成本有两种确定方法：

（1）倒算法。先确定月末在产品成本，再倒挤出完工产品成本。它包括在产品不计算成本法、在产品按年初固定成本计价法、在产品按所耗原材料费用计算法、在产品按完工产品成本计算法、在产品按定额成本计价法。

（2）比例分配法。将本月生产费用之和按照一定比例在完工产品和月末在产品之间进行分配，同时求得完工产品成本和月末在产品成本。它包括定额比例法、约当产量比例法。

8.2.1　在产品不计算成本法

1. 概念和适用范围

在产品不计算成本法是指虽然月末有结存在产品，但月末在产品数量很少，价值很低，并且各月份在产品数量比较稳定，对月末在产品成本忽略不计的一种分配方法。

适用于企业既有本月完工产品，又有月末在产品，但每月月末在产品数量很少、金额很小情况，例如自来水企业、采掘企业。

2. 产品成本计算单的编制

产品成本计算单的格式如表 8-3 所示。

表 8-3　产品成本计算单

摘要	直接材料	直接人工	制造费用	合计
本月生产费用合计				
本月完工产品成本				
完工产品单位成本				

3. 实际操作

学中做

新华公司生产甲产品，月末在产品数量很少，不计算在产品成本，本月发生生产费用 10 000 元，其中，原材料 5 000 元，直接人工 3 000 元，制造费用 2 000 元，本月完工 100 件，在产品 1 件。计算甲产品完工产品总成本和单位成本。

【解析】

编制产品成本计算单如表 8-4 所示。

表 8-4　产品成本计算单

摘要	直接材料	直接人工	制造费用	合计
本月生产费用合计	5 000	3 000	2 000	10 000
本月完工产品成本	5 000	3 000	2 000	10 000
完工产品单位成本	500	300	200	1000

8.2.2　在产品按年初固定成本计价法

1. 概念和适用范围

在产品按年初固定成本计价法是对各月月末在产品成本按年初在产品成本的计价法。

这种方法主要适用于企业既有本月完工产品，又有月末在产品，但各月月末在产品成本较小，或者各月月末在产品成本虽然较大，但是各月月末在产品成本变动不大的情况，如炼铁企业、化工企业等

2. 产品成本计算单的编制

产品成本计算单的格式如表 8-5 所示。

表 8-5　产品成本计算单

摘要	直接材料	直接人工	制造费用	合计
月初在产品成本				
本月生产费用				
生产费用合计				
本月完工产品成本				
完工产品单位成本				
月末在产品成本				

3. 实际操作

学中做

前进公司生产乙产品，在产品按年初固定成本计价，固定成本为：原材料 8 000 元，直接人工 6 000 元，制造费用 2 000 元。本月发生费用：原材料 15 000 元，直接人工 7 000 元，制造费用 5 000 元。乙产品本月完工 100 件，在产品 10 件。

要求：编制产品成本计算单计算完工产品成本。

【解析】

编制产品成本单，如表 8-6 所示。

表 8-6　产品成本计算单

摘要	直接材料	直接人工	制造费用	合计
月初在产品成本	8 000	6 000	2 000	16 000
本月生产费用	15 000	7 000	5 000	27 000
生产费用合计	23 000	13 000	7 000	43 000
本月完工产品成本	15 000	7 000	5 000	27 000
完工产品单位成本	150	70	50	270
月末在产品成本	8 000	6 000	2 000	16 000

8.2.3　在产品按完工产品成本计算法

1．概念和适用范围

在产品按完工产品成本计算法（也称在产品视同完工产品分配费用的方法），是将在产品视同已经完工的产品，按照月末在产品数量与本月完工产品数量的比例来分配生产费用，以确定月末在产品成本和本月完工产品成本的方法。

这种方法适用于月末在产品已经接近完工，只是尚未包装或尚未验收入库的产品。这种情况下在产品成本已经接近完工产品成本，为了简化产品成本计算工作，在产品可以视同完工产品，按两者的数量比例分配直接材料费用和直接人工费用、制造费用等费用。

2．产品成本计算单的编制

产品成本计算单的格式，如表 8-7 所示。

表 8-7　产品成本计算单

摘要	直接材料	直接人工	制造费用	合计
本月生产费用合计				
完工产品数量				
月末在产品数量				
产量合计				
费用分配率				
完工产品成本				
月末在产品成本				

3．实际操作

学中做

新福公司所生产的 A 产品月初在产品成本和本月发生费用合计数分别为：直接材料 80 000 元，直接人工 16 000 元，制造费用 11 200 元。本月完工产品数量为 600 件，月末在产品数量为 400 件；月末在产品已接近完工。

要求：采用在产品按完工产品成本计算法计算完工产品成本和在产品成本。

【解析】

编制产品成本计算单，如表 8-8 所示。

表 8-8　产品成本计算单

摘要	直接材料	直接人工	制造费用	合计
本月生产费用合计	80 000	16 000	11 200	107 200
完工产品数量	600	600	600	
月末在产品数量	400	400	400	
产量合计	1 000	1 000	1 000	
费用分配率	80 000/1 000=80	16 000/1 000=16	11 200/1 000=11.2	
完工产品成本	48 000	9 600	6 720	64 320
月末在产品成本	32 000	6 400	4 480	42 880

8.2.4　在产品按所耗原材料费用计算法

1. 概念和适用范围

按所耗原材料费用计算法是指月末在产品只计算原材料费用，其他费用全部由完工产品成本负担。产品的全部生产费用，减去按原材料费用计算的在产品成本后的余额，就是该种完工产品的总成本。

此种方法适用于在产品数量较多，各月末在产品数量变动较大，但原材料在产品成本中所占比重较大的产品。如纺织、造纸、酿酒等企业的产品均采用此种方法，以简化核算工作。

2. 产品成本计算单的编制

产品成本计算单的格式如表 8-9 所示。

表 8-9　产品成本计算单

摘要	直接材料	直接人工	制造费用	合计
月初在产品成本				
本月生产费用				
生产费用合计				
本月完工产品成本				
期末在产品成本				

3. 实际操作

学中做

伟明公司生产丙产品，原材料在生产开始时一次投入，月末在产品按所耗原材料费用计价。月初在产品费用为 7 200 元，本月发生生产费用：直接材料 60 000 元，直接人工 4 000 元，制造费用 1 000 元。本月完工产品 100 件，月末在产品 20 件。计算丙产品完工产品成本和月末在产品成本。

【解析】

编制产品成本计算单，如表 8-10 所示。

表 8-10　产品成本计算单

摘要	直接材料	直接人工	制造费用	合计
月初在产品成本	7 200			7 200
本月生产费用	60 000	4 000	1 000	65 000
生产费用合计	67 200	4 000	1 000	72 200
本月完工产品成本	56 000	4 000	1 000	61 000
期末在产品成本	11 200			11 200

8.2.5　在产品按定额成本计价法

1. 概念和适用范围

采用这种分配方法，月末在产品的各项费用按各项费用定额计算，即月末在产品成本按其数量和单位定额成本计算。某种产品的全部生产费用（月初在产品费用加本月生产费用），减去按定额单位成本计算的月末在产品成本，就是完工产品成本。

这种分配方法适用于定额管理基础较好，各项消耗定额或费用定额比较准确、稳定，而且各月末在产品数量变动不大的产品。

2. 产品成本计算单的编制

产品成本计算单的格式如表 8-11 所示。

表 8-11　产品成本计算单

摘要	直接材料	直接人工	制造费用	合计
月初在产品成本				
本月生产费用				
生产费用合计				
月末在产品定额成本				
完工产品成本				

小提示

在产品定额成本的计算公式

在产品直接材料定额成本=在产品数量×材料消耗额×材料计划单价

在产品直接人工定额成本=在产品数量×工时定额×计划小时工资率

在产品制造费用定额成本=在产品数量×工时定额×计划小时费用率

3．实际操作

学中做

前进公司的直接材料定额消耗量 10 千克，计划单价 1.20 元，单位产品工时定额 8 小时，计划每工时费用分配率为：直接人工 2 元/小时，制造费用 2.5 元/小时。B 产品月初在产品和本月生产费用合计为：直接材料 26 500 元，直接人工 9 480 元，制造费用 11 875 元。B 产品所耗原材料在生产开始时一次投入完工产品 1 000 件，在产品 300 件。

要求：月末在产品按定额成本计价法分配计算本月完工产品和月末在产品成本。

【解析】

月末在产品定额成本计算表和产品成本计算单，分别如表 8-12 和表 8-13 所示。

表 8-12　月末在产品定额成本计算表

在产品数量	原材料费用（元）	定额工时	直接人工（元）	制造费用（元）	定额成本（元）
300	300×10×1.2=3 600	300×8=2 400	2 400×2=4 800	240×2.5=6 000	14 400

表 8-13　产品成本计算单

摘要	直接材料	直接人工	制造费用	合计
生产费用累计	26 500	9 480	11 875	47 855
月末在产品定额成本	3 600	4 800	6 000	14 400
完工产品成本	22 900	4 680	5 875	33 455

任务 8.3 约当产量比例法

8.3.1　相关知识

1．约当产量的概念与适用范围

在产品约当产量就是把月末在产品的数量按其完工程度或投料程度，折合成相当于完工产品的数量（即约当产量），然后把完工产品的产量和在产品的约当量相加，构成约当总产量。然后将本期的生产费用与约当总量相除，得出费用分配率，用分配率乘完工产品产量和在产品约当产量，从而计算完工产品成本和在产品的成本。

这种方法适用于在产品数量较多、各月末在产品的数量变化较大、产品成本中直接材料费用和各项加工费用所占的比重相差不大的情况。

小提示

计算约当产量五步法

计算在产品约当产量:

在产品约当产量=在产品数量×完工程度（或投料比例）

计算约当总产量:

约当总产量=完工产品数量+在产品约当产量

计算费用分配率:

费用分配率=（月初在产品成本+本期在产品成本）/约当总产量

求出在产品的成本:

月末在产品成本=月末在产品约当产量×费用分配率

求出完工产品的成本:

完工产品成本=完工产品数量×费用分配率

2. 材料费用

月末在产品应负担的材料费用与投料方式有关。在生产过程中，材料投入方式有以下 4 种：

第一种是在生产开始时一次投入全部所需材料；

第二种是在每道工序开始一次投入该工序所需的全部材料；

第三种是材料在生产过程中陆续投入且投入量与加工进度一致；

第四种是材料在生产过程中陆续投入且投入量与加工进度不一致。

（1）在生产开始时一次投入全部所需材料

一次投料就是在产品生产开工时一次投入产品生产所需的全部直接材料，月末在产品投料程度为 100%，在产品的约当产量即在产品的数量，直接材料费用可根据在产品实际数量与完工产品数量的比例分配。这时每件在产品与产成品所耗用的原材料是相同的，直接材料费用可按照完工产品产量和在产品产量比例分配。

小提示

材料（一次投入）在产品约当产量计算公式:

在产品约当产量=月末在产品产量×100%

直接材料费用分配率=（月初在产品直接材料费用+本月发生直接材料费用）/（完工产品产量+月末在产品产量）

月末在产品直接材料成本=月末在产品产量×直接材料费用分配率

完工产品直接材料成本=完工产品产量×直接材料费用分配率

或　完工产品直接材料成本=月初在产品直接材料费用+本月发生直接材料费用-月末在产品直接材料费用

（2）在每道工序开始一次投入该工序所需的全部材料

如果原材料是在每道工序开始一次性投入，则每道工序的月末在产品应负担的材料费用为截至该工序的累计投料额，月末在产品可按投料比例折合为完工产品。

某工序期末在产品约当产量=该工序在产品数量×截至该工序投料比例

某工序期末在产品投料比例=截至该工序累计投料定额/完工产品投料定额×100%

（3）材料在生产过程中陆续投入且投入量与加工进度一致

直接材料的投入程度与完工程度完全相同或基本相同时，在产品的投料程度与完工程度计算方法相同，在产品的约当产量可按完工程度折算。

（4）材料在生产过程中陆续投入且投入量与加工进度不一致

直接材料的投入程度与完工程度不一致，且每道工序材料都陆续投入时，按各工序累计直接材料消耗定额占完工产品直接材料消耗定额的比率计算其投料程度，在产品所在工序的投料程度为 50%。

某工序的在产品投料比例=（前面各工序累计材料消耗定额+本工序材料消耗定额×50%）/单位完工产品材料消耗定额×100%

3．其他费用

这里所说的其他费用主要是指月末在产品应负担的人工费用、制造费用及动力费用等。月末在产品应负担的其他费用与产品的完工程度有关。

小提示

确定其他费用完工程度的两种情况

（1）若各工序在产品产量和单位产品在各工序的加工量相差不多的情况下，前后工序加工程度可互相抵补，全部在产品完工程度可按照 50%确定。

期末在产品约当产量=期末在产品产量×完工程度(100%)

（2）各工序在产品各工序加工程度不均衡，则在产品完工程度应按各工序分别测算。

某工序期末在产品约当产量=期末该工序在产品产量×该工序在产品完工程度

$$某工序在产品完工程度=\frac{前面各工序累计工时定额+本工序工时定额\times 50\%}{产品工时定额}$$

其中，各工序结存的在产品在本工序的平均加工程度按 50%计算。

4．在产品约当产量和产品成本计算单的编制

（1）原材料月末在产品直接材料约当产量计算表，如表 8-14 所示。

表 8-14　月末在产品直接材料约当产量计算表

工序	月末在产品数量	单位产品原材料消耗定额	投料率	在产品约当产量
1				
2				
3				
合计				

（2）直接人工、制造费用约当产量按加工程度计算编制，如表 8-15 所示。

表 8-15　直接人工、制造费用约当产量计算表

工序	在产品数量	工时定额	完工率计算	在产品约当产量
1				
2				
3				
合计				

（3）产品成本计算单的编制，如表 8-16 所示

表 8-16　产品成本计算单

项目	直接材料	直接人工	制造费用	合计
本月生产费用合计				
月末在产品约当产量				
完工产品产量				
约当产量合计				
费用分配率				
完工产品成本				
月末在产品成本				

8.3.2　实际操作

学中做

1．某产品本月完工 350 件，月末在产品 50 件，原材料在生产开始时一次投入。月初和本月发生的原材料费用合计 8 800 元。

要求计算完工产品的材料费用和其他费用。

【解析】

材料费用的在产品约当产量=50×100%=50（件）

材料分配率=8 800÷（350+50）=22（元/件）

在产品应分配的材料费用=50×22=1 100（元）

完工产品应负担的材料费用=350×22=7 700（元）

2．某产品分两道工序制成，原材料随加工进度陆续投入，其投料程度与加工程度不一致。各工序直接材料消耗定额和月末在产品数量，如表 8-17 所示。

要求：计算在产品约当产量。

【解析】

表 8-17　月末在产品直接材料约当产量计算表

工序	月末在产品 数量	单位产品原材料消耗定额	投料率	在产品约当产量
1	200	80	（80×50%）/200×100%=20%	40
2	500	120	(80+120×50%)/200×100%=70%	350
合计	700	200		390

3．某产品经三道工序连续加工制成，原材料随加工进度分工序三次投入，但在每一道工序开始时一次投入。则此时约当产量计算，如表 8-18 所示。

要求：计算在产品约当产量。

【解析】

表 8-18　原材料随加工进度分工序投入时约当产量计算表

工序	月末在产品数量	单位产品原材料消耗定额	投料率	在产品约当产量
1	20	20	20/40×100%=50%	10
2	40	10	(20+10)/40×100%=75%	30
3	60	10	(20+10+10)/40 ×100%=100%	60
合计	120	40		100

4．某产品由两道工序制成，产品的工时定额为 50 小时，第一道工序的工时定额为 30 小时，第二道工序的工时定额为 20 小时。月初和本月发生的工资及其他费用 8 160 元。完工产品 200 件，在产品数量：第一道工序 80 件，第二道工序 60 件。期末在产品各工序加工程度不均衡。

要求：将工资及其他费用在完工产品和在产品之间进行分配。

【解析】

第一道工序在产品完工程度=（30×50%）÷50×100%=30%

第二道工序在产品完工程度=（30+20×50%）÷50×100%=80%

第一道工序在产品约当产量=80×30%=24（件）

第二道工序在产品约当产量=60×80%=48 (件)

工资及其他费用分配率=8 160÷（200+24+48）=30（元/件）

月末在产品应分配的工资及其他费用=（24+48）×30=2 160（元）

完工产品应分配的工资及其他费用=200×30=6 000（元）

5．某产品本月完工 400 件，月末在产品 100 件，在产品的完工程度为 50%；本月基本生产成本明细账中所列月初在产品成本和本月生产费用共计 59 000 元，其中直接材料 32 000 元，直接人工 16 200 元，制造费用 10 800 元。原材料是生产开始时一次投入。

要求：计算产品成本，编制产品成本计算单。

【解析】

（1）分配原材料费用

月末在产品约当产量=100×100%=100(件)

原材料费用分配率=32 000÷（400+100）=64（元/件）

完工产品应负担原材料费用=400×64=25 600（元）

月末在产品应负担原材料费用=100×64=6 400（元）

（2）分配直接人工费用

月末在产品约当产量=100×50%=50（件）

直接人工分配率=16 200÷（400+50）=36（元/件）

完工产品应负担直接人工费用=400×36=14 400（元）

在产品应负担直接人工费用=50×36=1 800（元）

（3）分配制造费用

月末在产品约当产量=100×50%=50（件）
制造费用分配率=10 800/（400+50）=24（元/件）
完工产品应负担制造费用=400 × 24=9 600（元）
在产品应负担制造费用=50 × 24=1 200（元）
（4）计算完工产品成本和月末在产品成本
甲产品的完工成本=25 600+14 400+9 600=49 600（元）
月末在产品成本=6 400+1 800+1 200=9 400（元）
（5）编制产品成本计算单，如表 8-19 所示。

表 8-19　产品成本计算单

项目	直接材料	直接人工	制造费用	合计
本月生产费用合计	32 000	16 200	10 800	59 000
月末在产品约当产量	100	50	50	
完工产品数量	400	400	400	
约当产量合计	500	450	450	
费用分配率	64	36	24	
完工产品成本	25 600	14 400	9 600	49 600
月末在产品成本	6 400	1 800	1 200	9 400

8.3.3　职业技能训练

项目 8 任务 8.3 职业技能训练安排，如表 8-20 所示。

表 8-20　项目 8 任务 8.3 职业技能训练安排

技能要求	如何进行运用约当产量法进行成本的分配
技能目标	通过填写约当产量计算表、产品成本计算单，登记生产成本明细账，让学生掌握约当产量法的不同情况的运用
技能内容	1．设计约当产量法的业务案例，根据业务内容让学生采用约当产量法进行分配 2．让学生运用 Excel 操作系统进行约当产量计算表和产品成本计算单的编制
技能组织	要求每个学生进行 Excel 表格的填制，对约当产量法进行计算分配
技能考核	教师评阅后，根据所交材料进行打分

任务 8.4 定额比例法

8.4.1 相关知识

1. 概念和适用范围

定额比例法是指企业分配成本费用，按照完工产品与月末在产品定额耗用量或定额费用的比例分配成本费用的一种方法。原材料费用按照原材料定额消耗量或原材料定额费用比例分配；工资和福利费、制造费用等各项加工费，可以按定额工时的比例分配，也可以按定额费用比例分配。

这种分配方法适用于定额管理基础较好，各项消耗定额或费用定额比较准确、稳定，月末在产品数量变动较大的产品。

2. 生产费用分配率的计算

（1）分配率公式

费用分配率=（月初在产品费用+本月生产费用）/（月初在产品定额耗用量或定额成本+本月投产产品定额耗用量或定额成本）

（2）分配额公式

完工产品某项目实际成本=该项目费用分配率×完工产品该项目定额消耗量或定额成本

月末在产品某项目实际成本=该项目费用分配率×月末在产品该项目定额消耗量或定额成本

小提示

定额比例法分配费用与在产品按定额成本计价的区别是：在产品按定额成本计价，其实际成本与定额成本的差异全部由完工产品成本负担；而采用定额比例法分配的情况下，产品实际成本脱离定额成本的差异，则按完工产品和月末在产品的定额消耗量或定额成本的比例分摊。因此，按定额比例法划分完工产品与在产品的总成本，它可以减少由于月初、月末在产品数量波动对完工产品成本准确性的影响。

8.4.2　实际操作

学中做

如前任务导入案例资料 2，采用定额比例法进行丙产品成本的计算，如表 8-21 所示。

表 8-21　产品成本计算单

摘要	直接材料	直接人工	制造费用	合计
月初在产品成本	5 500	4 500	6 000	16 000
本月生产费用	18 500	16 300	26 500	61 300
生产费用合计	24 000	20 800	32 500	77 300
完工产品定额	16 000	11 000	11 000	
月末在产品定额	4 000	2 000	2 000	
定额合计	20 000	13 000	13 000	
费用分配率	24 000/20 000=1.2	20 800/13 000=1.6	32 500/13 000=2.5	
完工产品成本	19 200	17 600	27 500	64 300
月末在产品成本	4 800	3 200	5 000	13 000

小提示

由于产品成本明细账是按成本项目设专栏反映的。因此，无论生产费用在完工产品与月末在产品之间分配采用哪种方法，计算分配时都应分成本项目进行。

8.4.3　职业技能训练

项目 8 任务 8.4 职业技能训练安排，如表 8-22 所示。

表 8-22　项目 8 任务 8.4 职业技能训练安排

技能要求	如何进行运用约当产量法进行成本的分配
技能目标	通过填写定额成本计算表、产品成本计算单，登记生产成本明细账，让学生掌握定额成本法的实际运用
技能内容	1．设计定额成本法的业务案例，根据业务内容让学生采用定额成本法进行分配 2．让学生运用 Excel 应用软件进行定额成本计算表和产品成本计算单的编制
技能组织	要求每个学生进行 Excel 表格的填制，对定额成本法进行计算分配
技能考核	教师评阅后，根据所交材料进行打分

项目测试题

一、单选题

1．月末在产品数量较大且各月末在产品数量变化较大，产品中各成本项目费用的比重相差不多的产品，其在产品成本计算应采用（　　）。

A．定额成本法　　B．定额比例法
C．约当产量法　　D．固定成本法

2．采用约当产量法，原材料费用按完工产品和月末在产品数量分配时应具备的条件（　　）。

A．原材料是陆续投入的　　B．原材料在生产开始时一次投入
C．原材料在产品成本中所占比重大　　D．原材料按定额投入

3．在产品数量的核算应设置（　　）。

A．原材料明细账　　B．制造费用明细账
C．在产品总账　　D．生产成本明细账

4．分配加工费用时所采用的在产品的完工率是指产品（　　）与完工产品工时定额的比率。

A．所占工序的工时定额
B．前面各工序工时定额与所占工序工时定额之半的合计数
C．所在工序的累计工时定额
D．所在工序的工时定额之半

5．某企业经过两道工序，各工序的工时定额分别为 30 小时和 40 小时，则第二道工序的完工率为（　　）。

A．68%　　B．69%
C．70%　　D．71%

6．采用固定在产品成本法，1—12 月份各月完工产品成本等于（　　）。

A．本月发生生产费用　　B．月初在产品成本
C．生产费用累计数　　D．生产费用合计数

7．对于各月月末在产品数量很少的产品，生产费用在完工产品与在产品之间的分配方法适宜采取（　　）。

A．在产品不计算成本法　　B．在产品按固定成本计价法
C．在产品按定额成本计算法　　D．在产品按所耗原材料费用计算法

8．某产品由三道工序组成，其工时定额为：第一道工序 10 小时、第二道工序 6 小时、第三道工序 4 小时，各工序在产品加工程度均为 50%，则第三道工序制造产品的累计工时定额为（　　）。

A．10 小时　　B．16 小时
C．18 小时　　D．20 小时

9．对于月末在产品数量较大，各月末在产品数量变化较大，产品成本中各项费用的比重相差不多的产品，其生产费用在完工产品与在产品之间进行分配时，采用的分配方法是（　　）。

A．定额比例法　　B．约当产量比例法
C．固定成本计价法　　D．完工产品成本计价法

10．狭义的在产品是指（　　）。
A．可以对外销售的自制半成品　　B．需要进一步加工的半成品
C．正在某一车间或步骤加工的在产品　　D．产成品

二、多选题

1．企业应根据（　　）的情况，考虑到管理的要求和条件，选择适当的方法计算月末在产品成本。
A．在产品数量的多少　　B．各月在产品数量变化的大小
C．各项费用在成本中所占的比重　　D．定额管理基础的好坏

2．本月发生的直接人工费用和制造费用，不计入月末在产品成本的方法包括（　　）。
A．在产品不计算成本法　　B．定额成本法
C．在产品计算材料成本法　　D．在产品按完工产品成本计算法

3．定额比例法的分配标准包括产品的（　　）。
A．原材料定额消耗量　　B．工时定额消耗总量
C．原材料定额总成本　　D．定额总费用

4．采用约当产量比例法，必须正确计算在产品的约当产量，而在产品约当产量的计算正确与否取决于产品完工程度的测定，测定产品完工程度的方法有（　　）。
A．按 50%平均计算各工序完工率　　B．分工序分别计算完工率
C．按定额比例法计算　　D．以上三种方法均是

5．在产品按完工产品成本计算法只能用于（　　）。
A．月末在产品接近完工
B．月末在产品已经完工，尚未包装
C．月末在产品已经完工，未验收入库
D．月末在产品已经完工，已经验收入库

三、判断题

1．不计算在产品成本法的特点是，当月发生的生产费用，全部由月末在产品负担。（　　）

2．在产品成本按所耗材料费用计算成本法，适用于月末在产品数量较多、各月在产品数量变化较大且材料费用在成本中所占比重较大的企业。（　　）

3．当直接材料随生产过程陆续投料且投入量与加工进度一致时，在产品投料程度的计算与完工程度的计算不同。（　　）

4．定额成本计价法是指月末在产品按定额成本计算，该产品的全部生产费用减去按定额成本计算的月末在产品成本后的余额作为完工产品的成本。（　　）

5．定额比例法适用于各项消耗定额比较准确、稳定，但各月末在产品数量变动较大的产品。（　　）

6．采用约当产量法计算月末在产品成本，原材料费用分配时必须考虑原材料的投料方式。（　　）

四、简答题

1．简述在产品和完工产品的含义。

2．简述产品成本计算的方法。

3．简述约当产量法的计算程序。

五、项目实训题

（一）项目实训目的

掌握在产品和完工产品费用分配及账务处理程序。

（二）项目实训资料及要求

1．实训资料：阳光公司生产 A 产品，20××年 9 月份的月初在产品成本和本月生产费用合计为 78 600 元，其中，材料费用 57 600 元，工资 4 500 元，制造费用 16 500 元。该月完工 A 产品 2 000 件，月末在产品 350 件，A 产品生产时原材料在生产开始时一次全部投入，月末在产品定额工时 800 小时。A 产品单位产品材料费用定额 45 元，每小时人工费用 4 元，每小时制造费用 5.6 元。

实训要求：采用在产品按所定额成本计价法计算在产品和完工产品成本。

2．实训资料：方方公司是生产甲产品的企业，有比较健全的定额管理制度。20××年 3 月完工甲产品 4 600 件，单位产品原材料消耗定额为 1 300 元，工时消耗定额 90 小时。月末盘点各工序的在产品 600 件，其中，第一工序 200 件，单位在产品原材料消耗定额 570 元，工时消耗定额为 37 小时；第二工序 300 件，单位在产品原材料消耗定额 780 元，工时消耗定额 57 小时；第三工序 100 件，单位在产品原材料消耗定额 960 元，工时消耗定额 86 小时。甲产品月初在产品成本为 575 000 元，其中直接材料 450 000 元，直接人工 58 000 元，制造费用 67 000 元；本月发生生产费用直接材料 4 322 000 元，直接人工 242 400 元，制造费用 775 000 元。

实训要求：采用定额比例法计算在产品和完工产品成本，填入表 8-23 中。

表 8-23　产品成本计算表

摘要	直接材料	直接人工	制造费用	合计
月初在产品成本				
本月发生费用				
生产费用合计				
本月完工产品总定额				
月末在产品总定额				
定额合计				
费用分配率				
本月完工产品总成本				
本月月末在产品总成本				

3．实训资料：金刚公司生产甲产品需经过三道工序，本月完工 400 件。假定每道工序所需材料陆续投入，且与加工进度不一致，各工序材料消耗定额分别为：第一工序 30 千克，第二工序 50 千克，第三工序 20 千克。各工序月末在产品数量分别为 80 件、100 件、120 件。月初和本月发生的原材料费用合计 54 000 元。

实训要求：采用约当产量法计算完工产品和月末在产品应分配的材料费用。

下篇

做一做，如何在成本计算方法下进行成本计算

- 项目 9　品种法
- 项目 10　分批法
- 项目 11　分步法
- 项目 12　分类法和定额法
- 项目 13　成本报表的编制与分析

项目9

品种法

职业行动能力

- 学会设置产品成本计算单，计算完工产品总成本和单位成本。
- 学会根据各费用分配表登记基本生产成本明细账。
- 学会根据各费用分配表进行账务处理。

学习任务目标

- 理解品种法的概念及适用范围。
- 了解品种法的特点。
- 熟悉品种法的成本计算程序。

任务导入

一、案例资料

夏新是荣创公司的成本核算会计。该公司的成本核算基本情况如下：

1. 部门设置：第一基本生产车间生产甲、乙两种产品，第二基本生产车间生产丙产品；辅助生产车间为供气车间和机修车间。

2. 生产组织：大量大批生产。

3. 工艺过程：单步骤生产。

4. 成本计算方法：品种法。

5. 成本项目设置：直接材料、燃料和动力、直接人工、制造费用。

6. 主要核算方法：材料采用定额费用比例分配法；外购动力费用采用生产工时比例法；职工薪酬费用采用生产工时比例法、辅助生产费用采用计划成本分配法；制造费用采用生产工时比例法；完工产品和在产品的分配采用约当产量法。

二、讨论题

1. 荣创公司具备何种生产特点可以采用品种法进行成本计算？

2. 夏新作为成本核算会计按怎样的程序进行成本的计算？

任务9.1 品种法核算前的准备

9.1.1 相关知识

1. 品种法的概念

产品成本计算的品种法是以产品品种作为成本计算对象，归集各种生产费用，计算产品成本的一种方法。

制造企业无论其生产工艺过程的特点和生产组织方式有什么不同，最终都要按产品品种计算出产品成本。因此，品种法是成本计算的最基本的方法。

2. 品种法的特点

（1）以产品的品种为成本计算对象，并按产品品种设置生产成本明细账或成本计算单。

企业生产一种产品，发生的一切生产费用都是直接费用，均可直接计入生产成本明细账的相关成本项目中；企业生产多种产品，对于直接费用可以直接计入该产品的成本计算单中；

对于间接费用需要进行归集，然后采用适当的方法在各种产品间进行分配，再计入各产品成本计算单中。

（2）成本计算定期按月进行，与会计报告期一致。

品种法的成本计算期一般是按月进行的，同会计报告期一致，与产品的生产周期不一致。

（3）期末有未完工产品时，需要在本期完工产品与在产品之间分配生产费用。

品种法计算产品成本，如果在产品数量很少或没有的情况下，月末可以不计算在产品成本；如果在产品数量较多，应当采用适当的分配方法计算完工产品成本和月末在产品成本。

3．品种法的适用范围

品种法主要适用于大量大批单步骤生产的企业。在这种类型的生产中，产品的生产工艺过程不能或不需要划分生产步骤，或不需要按生产步骤计算产品成本。例如，采掘企业、发电企业、供水企业等。

大量、大批、多步骤生产的企业，如果企业的规模较小，管理上又不要求按照生产步骤计算产品成本的，也可以采用品种法计算产品成本。例如，制砖企业、小型水泥生产企业等。

企业辅助生产车间，根据其生产特点和管理要求，也可以采用品种法计算其产品或劳务成本。

4．品种法的成本计算程序

（1）按产品品种设置生产成本明细账

根据企业所生产的产品品种分别开设各种产品的生产成本明细账（产品成本计算单），按成本项目设置专栏，并登记月初在产品的各项生产费用。

（2）归集与分配本月发生的各种要素费用

根据本月各项生产费用的原始凭证和企业有关资料，编制各种费用汇总表或分配表，归集与分配各种要素费用。

（3）分配辅助生产费用

“辅助生产成本明细账”归集的辅助生产费用总额，按企业确定的辅助生产费用分配方法，分别编制各辅助生产的“辅助生产分配表”，分配辅助生产费用。

辅助生产单位发生的制造费用，如果通过制造费用明细账单独归集的，应在分配辅助生产费用前分别转入各辅助生产成本明细账的相应成本项目中。

（4）分配基本生产车间的制造费用

基本生产单位《制造费用明细账》归集的本月制造费用总额，按企业确定的制造费用分配方法，分别编制各生产单位的《制造费用分配表》，分配制造费用。

（5）计算完工产品总成本和单位成本

产品生产成本明细账归集的生产费用合计，在完工产品和在产品之间进行分配，计算本月完工产品的实际总成本和月末在产品成本。

9.1.2 品种法核算程序图

品种法核算程序图，如图 9-1 所示。

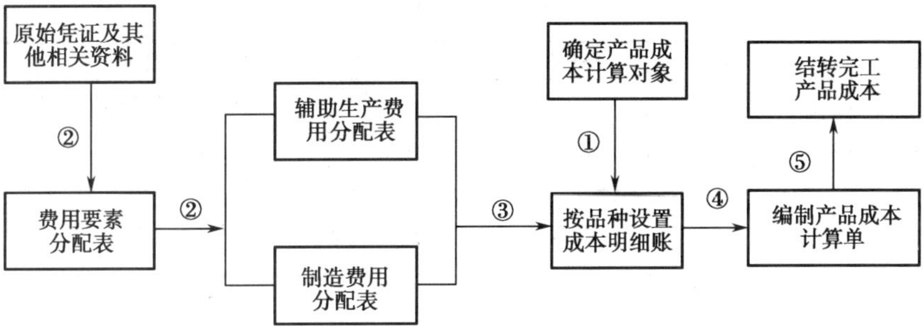

图 9-1 品种法核算程序图

注：

① 按产品品种设置生产成本明细账；

② 归集与分配本月发生的各种要素费用；

③ 分配辅助生产费用和基本生产车间的制造费用；

④ 计算完工产品总成本和单位成本；

⑤ 结转完工产品成本。

任务 9.2 品种法的应用

9.2.1 实际操作

学中做

根据案例资料，荣创公司辅助生产车间不单独核算制造费用，设有供气车间和机修车间月末在产品的完工程度均为 50%，原材料在生产开始时一次投入，外购动力费为 0.5 元/度，供气车间计划成本为 0.85 元/立方米，机修车间计划成本为 0.55 元/工时，第一车间的供气费用在两种产品之间分配按生产工时比例分配。20××年 6 月产量及成本资料如表 9-1～表 9-6 所示。

表 9-1 产量资料

单位：件

产品名称	月初在产品	本月投入	本月完工产品	月末在产品
甲产品	100	500	450	150
乙产品	70	350	300	120
丙产品	160	600	500	260

表 9-2　月初在产品成本

单位：件

产品名称	直接材料	燃料和动力	直接人工	制造费用	合计
甲产品	7 000	750	4 150	2 550	14 450
乙产品	5 700	550	3 600	2 100	11 950
丙产品	9 500	800	5 500	4 500	20 300

表 9-3　发出材料汇总表

单位：件

材料用途	直接材料	共同用料	耗用材料合计	材料单耗定额
甲产品	30 000		30 000	30
乙产品	25 000		25 000	25
小计	55 000	21 000	75 000	
丙产品	50 000		50 000	
第一车间	3 000		3 000	
第二车间	2 000		2 000	
供气车间	1 500		1 500	
机修车间	1 200		1 200	
行政管理部门	100		1 000	
合计	113 700	21 000	134 700	

表 9-4　外购动力费汇总表

费用用途	直接耗用	共同耗用	耗用费用合计	生产工时
甲产品				5 500
乙产品				3 000
小计		8 500	8 500	8 500
丙产品	5 000		5 000	
第一车间	600		600	
第二车间	450		450	
供气车间	1 100		1 100	
机修车间	700		700	
行政管理部门	500		500	
合计	8 350	8 500.00	16 850	

表 9-5　应付职工薪酬汇总表

单位：元

人员类别	直接计入工资总额	分配计入工资总额	合　计
甲产品			
乙产品			
小计		21 250	21 250
丙产品	16 000		16 000
第一车间	3 500		3 500
第二车间	2 500		2 500
供气车间	7 500		7 500
机修车间	6 000		6 000
行政管理部门	20 000		20 000
合计	55 500	21 250	76 750

表 9-6　供气和机修车间提供的劳务量表

受益部门	供气车间（立方米）	机修车间（工时）
第一车间	10 000	
第二车间	5 000	20 000
供气车间		5 000
机修车间	1 500	
行政管理部门	900	500
合计	17 400	25 500

荣创公司 6 月份其他费用资料如下：

（1）本月以库存现金支付的费用为 3 700 元，其中，第一车间负担的保险费 500 元，市内交通费 180 元；第二车间负担的保险费 300 元，市内交通费 100 元；供气车间负担的保险费 150 元；机修车间负担的保险费 200 元；厂部管理部门负担的办公费 1 500 元，市内运输费 770 元。

（2）本月以银行存款支付的费用为 17 500 元，其中第一车间负担的办公费 7 000 元；第二车间负担的办公费 4 000 元；供气车间负担的外部修理费 3 000 元；机修车间负担的办公费 600 元；厂部管理部门负担的保险费 2 900 元。

（3）本月应计提固定资产折旧费 25 200 元，其中，一车间 6 000 元，第二车间 5 200 元，供气车间 3 000 元，机修车间 5 600 元，厂部管理部门 5 400 元。

要求：根据各费用资料，采用品种法对费用进行归集与分配，编制记账凭证登记各成本费用明细账，计算甲、乙、丙三种产品的完工产品成本。

【解析】

1．开设成本费用明细账

（各成本费用明细账，格式如表 2-11～表 2-13 所示）。

2．分配各费用要素

（1）根据发出材料汇总表编制材料费用分配表，如表 9-7 所示。

表 9-7　材料费用分配表

20××年 6 月

应借账户			成本费用项目	直接领用材料	共同耗用材料					耗用材料合计
总账	明细账				产量	单耗定额	定额费用	分配率	应分配费用	
生产成本	基本生产成本	甲产品	直接材料	30 000	450	30	13 500	1	13 500	43 500
		乙产品	直接材料	25 000	300	25	7 500	1	7 500	32 500
		小计		55 000			21 000		21 000	76 000
		丙产品	直接材料	50 000						50 000
	辅助生产成本	供气车间	原材料	3 000						3 000
		机修车间	原材料	2 000						2 000
制造费用	第一车间		机物料消耗	1 500						1 500
	第二车间		机物料消耗	1 200						1 200
管理费用			修理费	1 000						1 000
合　计				113 700			21 000			13 470

根据表 9-7，编制分配和结转材料费用的记账凭证：

借：生产成本——基本生产成本——甲产品　　43 500
　　　　——基本生产成本——乙产品　　32 500
　　　　——基本生产成本——丙产品　　50 000
　　　　——辅助生产成本——供气车间　　3000
　　　　——辅助生产成本——机修车间　　2 000
　　制造费用——第一车间　　1 500
　　制造费用——第二车间　　1 200
　　管理费用　　1 000
　　贷：原材料　　134 700

（2）根据外购动力费汇总表编制外购动力费用分配表，如表 9-8 所示。

表 9-8　外购动力费分配表

20××年 6 月

应借账户			成本费用项目	动力费用分配（0.5 元/度）				
总账	明细账			生产工时	分配率（元/小时）	分配金额	用电量（度）	分配金额
生产成本	基本生产成本	甲产品	燃料和动力	5 500	1.00	5 500		5 500
		乙产品	燃料和动力	3 000	1.00	3 000		3 000
		小计		8 500		8 500	17 000	8 500
		丙产品	燃料和动力				10 000	5 000
	辅助生产成本	供气车间	燃料和动力				1 200	600
		机修车间	燃料和动力				900	450
制造费用	第一车间		水电费				2 200	1 100
	第二车间		水电费				1 400	700
管理费用			水电费				1 000	500
合计							33 700	16 850

根据表 9-8 编制分配和结转外购动力费的记账凭证：

借：生产成本——基本生产成本——甲产品　　5 500
　　　　——基本生产成本——乙产品　　3 000
　　　　——基本生产成本——丙产品　　5 000
　　　　——辅助生产成本——供气车间　　600
　　　　——辅助生产成本——机修车间　　450
　　制造费用——第一车间　　1 100
　　制造费用——第二车间　　700
　　管理费用　　500
　　贷：应付账款　　16 850

（3）根据各车间、各部门的工资结算凭证，编制“职工薪酬费用分配表”，如表 9-9 所示。分配职工薪酬费用。

表 9-9　职工薪酬费用分配表

20××年 6 月

应借账户			成本费用项目	工资			合　计
总账	明细账			生产工时	分配率	分配金额	
生产成本	基本生产成本	甲产品	直接人工	5 500	2.5	1 375	13 750
		乙产品	直接人工	3 000	2.5	7 500	7 500
		小计		8 500		21 250	21 250
		丙产品	直接人工				16 000
	辅助生产成本	供气车间	职工薪酬费用				3 500
		机修车间	职工薪酬费用				2 500
制造费用	第一车间		职工薪酬费用				7 500
	第二车间		职工薪酬费用				6 000
管理费用			职工薪酬费用				20 000
合　计							76 750

根据表 9-9，编制分配和结转职工薪酬费用的记账凭证：

借：生产成本——基本生产成本——甲产品　　13 750
　　　　　　——基本生产成本——乙产品　　7 500
　　　　　　——基本生产成本——丙产品　　16 000
　　　　　　——辅助生产成本——供气车间　　3 500
　　　　　　——辅助生产成本——机修车间　　2 500
　　制造费用——第一车间　　7 500
　　制造费用——第二车间　　6 000
　　管理费用　　20 000
　　贷：应付职工薪酬——工资　　76 750

根据各车间、各部门的月初各类固定资产的原值资料和折旧率，计算编制“折旧费用分配表”，分配折旧费用，如表 9-10 所示。

表 9-10　折旧费用计算表

20××年 6 月

会计科目	明细科目	费用项目	分配金额
制造费用	第一车间	折旧费	6 000
	第二车间	折旧费	5 200
辅助生产车间	供气车间	折旧费	3 000
	机修车间	折旧费	5 600
管理部门		折旧费	5 400
合　计			25 200

根据表 9-10，编制分配和结转折旧费用的记账凭证：

借：生产成本 ——辅助生产成本——供气车间　　3 000
　　　　　　——辅助生产成本——机修车间　　5 600
　　制造费用——第一车间　　6 000

制造费用——第二车间　5 200
管理费用　5 400
贷：累计折旧——折旧费　25 200

根据本月现金和银行存款费用支付明细，编制“其他费用分配表”分配其他费用，如表 9-11 所示。

表 9-11　其他费用计算表

20××年 6 月

会计科目	明细科目	现金支付	银行存款支付	合计
制造费用	第一车间	680	7 000	7 680
	第二车间	400	4 000	4 400
辅助生产车间	供气车间	150	3 000	3 150
	机修车间	200	600	800
管理部门		2 270	2 900	5 170
合　计		3 700	17 500	21 200

根据表 9-11，编制分配和结转其他费用的记账凭证:

借：生产成本 ——辅助生产成本——供气车间　3 150
——辅助生产成本——机修车间　800
制造费用——第一车间　7 680
制造费用——第二车间　4 400
管理费用　5 170
贷：库存现金　3 700
银行存款　17 500

3．辅助生产费用的归集与分配

（1）根据上列各种费用分配表和有关会计分录登记辅助生产成本明细账，归集辅助生产成本，如表 9-12 和表 9-13 所示。

表 9-12　辅助生产成本明细账

20××年 6 月

车间：供气车间

20××年 月	日	摘要	原材料	燃料和动力	工资及福利费	保险费	折旧费	修理费	合计
6	30	材料费	3 000						3 000
6	30	外购动力费		600					600
6	30	职工薪酬费用			3 500				3 500
6	30	折旧费					3 000		3 000
6	30	现金支付费用				150			150
6	30	银行存款支付费用						3 000	3 000
6	30	待分配费用	3 000	600	3 500	150	3 000	3 000	13 250
6	30	分配转出	3 000	600	3 500	150	3 000	3 000	13 250

表 9-13 辅助生产成本明细账

车间：机修车间　　　　　　　　　　　　20××年 6 月

20××年 月	日	摘要	原材料	燃料和动力	工资及福利费	保险费	折旧费	其他	合计
6	30	材料费	2 000						2 000
6	30	外购动力费		450					450
6	30	职工薪酬费用			2 500				2 500
6	30	折旧费					5 600		5 600
6	30	现金支付费用				200			200
6	30	银行存款支付费用						600	600
6	30	待分配费用	2 000	450	2 500	200	5 600	600	11 350
6	30	分配转出	2 000	450	2 500	200	5 600	600	11 350

（2）根据辅助生产成本明细账中归集的待分配费用数额和供气量、修理劳务量，编制“辅助生产费用分配表”，分配辅助生产费用，如表 9-14 所示。

表 9-14 辅助生产费用分配表

20××年 6 月　　　　　　　　　　单位：元

收益部门	供气车间（单位成本 0.85 元/平方米）		机修车间（单位成本 0.55 元/工时）	
	用气数	计划成本	机修工时	计划成本
第一车间	10 000	8 500		
第二车间	5 000	4 250	20 000	11 000
供气车间			5 000	2 750
机修车间	1 500	1 275		
行政管理部门	900	765	500	275
合计	17 400	14 790	25 500	14 025
实际成本		16 000		12 625
成本差异		1 210		−1 400

注：供气车间实际成本=13 250+2 750=16 000 元；机修车间实际成本=11 350+1 275=12 625 元。

小提示

采用计划成本法分配辅助生产成本费用，实际成本=待分配实际成本+其他辅助生产车间分配转入的费用，实际成本和计划成本的差异全部由管理费用负担。

根据辅助生产费用分配表，编制会计凭证：

结转辅助生产计划成本：

借：生产成本——辅助生产成本——供气车间　　2 750
　　　　　　　辅助生产成本——机修车间　　1 275
　　制造费用——第一车间　　8 500
　　制造费用——第二车间　　15 250
　　管理费用　　1 040
　　贷：生产成本——辅助生产成本——供气车间　　14 790
　　　　　　　　辅助生产成本——机修车间　　14 025

结转辅助生产成本差异：

借：管理费用　　　　　　　　　　　　　　　　　　　　　　190

　　贷：生产成本——辅助生产成本——供气车间　　　　　　　　　1 210

　　　　　　　　　辅助生产成本——机修车间　　　　　　　　　1 400

4．制造费用的归集与分配

根据上列各种费用分配表和其他有关资料，归集与分配制造费用

（1）根据有关分录，登记制造费用明细账，归集制造费用，如表 9-15 和表 9-16 所示。

表 9-15　制造费用明细账

车间：第一基本车间　　　　　　　　　　20××年 6 月

20××年		摘要	职工薪酬费用	折旧费	水电费	保险费	机物料消耗	用气费用	修理费	其他	合计
月	日										
6	30	材料费					1 500				1 500
6	30	外购动力费			1 100						1 100
6	30	职工薪酬	7 500								7 500
6	30	折旧费		6 000							6 000
6	30	保险费				500					500
6	30	其他								7 180	7 180
6	30	用气费用						8 500			
		合计	7 500	600	1 100	500	1 500	8 500		7 180	32 280
		分配制造费用	7 500	600	1 100	500	1 500	8 500		7 180	32 280

表 9-16　制造费用明细账

车间：第二基本车间　　　　　　　　　　20××年 6 月

20××年		摘要	职工薪酬费用	折旧费	水电费	保险费	机物料消耗	用气费用	修理费	其他	合计
月	日										
6	30	材料费					1 200				1 200
6	30	外购动力费			700						700
6	30	职工薪酬	6 000								2 500
6	30	折旧费		5 200							5 200
6	30	保险费				300					300
6	30	其　他								4 100	4 100
6	30	用气费用						4 250			4 250
6	30	修理费							11 000		11 000
		合计	6 000	5 200	700	300	1 200	4 250	11 000	4 100	32 750
		分配制造费用	6 000	5 200	700	300	1 200	4 250	11 000	4 100	32 750

（2）根据制造费用明细账归集的制造费用数额和各产品生产工时，编制“制造费用分配表”，分配制造费用，如表 9-17 所示。

表 9-17　制造费用分配表

20××年 6 月

产品名称	第一车间			第二车间制造费用
	生产工时/小时	分配率/（元/小时）	应分配费用	
甲产品	5 500	3.80	20 887.06	
乙产品	3 000	3.80	11 392.94	
小计	8 500		32 280.00	
丙产品				32 750

根据表 9-17，编制分配和结转制造费用的记账凭证：

借：生产成本——基本生产成本——甲产品　　20 887.06

　　　　　　——基本生产成本——乙产品　　11 392.94

　　　　　　——基本生产成本——丙产品　　32 750.00

　贷：制造费用——第一车间　　32 280

　　　　　　　——第二车间　　32 750

5. 生产费用在完工产品和在产品之间分配

根据上列各种费用分配表，分别归集甲、乙、丙三种产品的生产成本，并采用适当的方法，分配各该产品的完工产品成本和月末在产品成本，如表 9-18～表 9-20 所示。

表 9-18　基本生产明细账

20××年 6 月

车间：第一车间　　完工数量：450 件　　产品数量：150 件

产品名称：甲产品　　在产品完工程度：50%　　投料方式：一次投料

20××年		摘　　要	直接材料	燃料和动力	直接人工	制造费用	合计
月	日						
6	1	月初在产品成本	7 000	750	4 150	2 550	14 450
6	30	材料费（表 9.14）	43 500				
6	30	动力费（表 9.15）		5 500			
6	30	工资薪酬（9.16）			13 750		
6	30	制造费用（9.24）				20 887.06	
6	30	本月费用小计	43 500	5 500	13 750	20 887.06	83 637.06
6	30	生产费用合计	50 500	6 250	17 900	23 437.06	98 087.06
6	30	本月约当产量合计	600	525	525	525	
6	30	分配率	84.17	11.90	34.10	44.64	174.81
6	30	本月完工产品成本	37 875.00	5 357.00	15 343.00	20 088.91	78 663.91
6	30	期末在产品成本	12 625.00	893.00	2 557.00	3 348.15	19 423.15

表 9-19　基本生产明细账

20××年 6 月

车间：第一车间　　完工数量：300 件　　在产品数量：120 件

产品名称：乙产品　　在产品完工程度： 50%　　投料方式：一次投料

20××年		摘　　要	直接材料	燃料和动力	直接人工	制造费用	合计
月	日						
6	1	月初在产品成本	5 700	550	3 600	2 100	11 950
6	30	材料费（表 9.14）	32 500				
6	30	动力费（表 9.15）		3 000			
6	30	工资薪酬（表 9.16）			7 500		
6	30	制造费用（9.24）				11 392.94	
6	30	本月费用小计	32 500	3 000	7 500	11 392.94	54 392.94
6	30	生产费用合计	38 200	3 550	11 100	13 492.94	66 342.94
6	30	本月约当产量合计	420	360	360	360	
6	30	分配率	90.95	9.86	30.83	37.48	169.12
6	30	本月完工产品成本	27 285	2 958	9 249	11 244	50 736
6	30	期末在产品成本	10 915	592	1 851	2 248.94	15 606.94

表 9-20　基本生产明细账

20××年 6 月

车间：第一车间　　完工数量：500 件　　在产品数量：260 件

产品名称：丙产品　　在产品完工程度：50%　　投料方式：一次投料

20××年		摘　　要	直接材料	燃料和动力	直接人工	制造费用	合计
月	日						
6	1	月初在产品成本	9 500	800	5 500	4 500	20 300
6	30	材料费（表 9.14）	50 000				
6	30	动力费（表 9.15）		5 000			
6	30	工资薪酬（表 9.16）			16 000		
6	30	制造费用（表 9.24）				32 750	
6	30	本月费用小计	50 000	5 000	16 000	32 750	103 750
6	30	生产费用合计	59 500	5 800	21 500	37 250	124 050
6	30	本月约当产量合计	760	630	630	630	
6	30	分配率	78.29	9.21	34.13	59.13	180.76
6	30	本月完工产品成本	39 145	4 605	17 065	29 565	90 380
6	30	期末在产品成本	20 355	1 195	4 435	7 685	33 670

6．完工产品成本的汇总与结转

产成品成本汇总表如表 9-21 所示。

表 9-21 产成品成本汇总表

20××年 6 月

应借账户	产品名称	成 本	直接材料	燃料和动力	直接人工	制造费用	合计
库存商品	甲产品	总成本（450 件）	37 875	5 357	15 343	20 088.91	78 663.91
		单位成本	84.17	11.90	34.10	44.64	174.81
	乙产品	总成本（300 件）	27 285	2 958	9 249	11 244	50 736
		单位成本	90.95	9.86	30.83	37.48	169.12
	丙产品	总成本（500 件）	3 914	4 605	17 065	29 565	90 380
		单位成本	78.29	9.21	34.13	59.13	180.76
总成本合计			104 305	12 920	41 657	60 897.91	219 779.91

根据表 8-21，编制结转完工成本的记账凭证：

借：库存商品——甲产品　　78 663.91
　　　　　　——乙产品　　50 736.00
　　　　　　——丙产品　　90 380.00
　贷：生产成本——基本生产成本——甲产品　　78 663.91
　　　　　　　——基本生产成本——乙产品　　50 736.00
　　　　　　　——基本生产成本——丙产品　　90 380.00

小提示

产品成本计算过程实际上就是成本和费用的归集和分配的过程，为了正确地计算各种产品成本，必须合理地设计各种费用分配表和正确分配各项生产费用，按平行登记的原则，同时登记总分类账和各成本、费用明细账。

9.2.2 职业技能训练

项目 9 职业技能训练安排，如表 9-22 所示。

表 9-22 项目 9 职业技能训练安排

技能要求	如何运用品种法进行成本的计算
技能目标	让学生了解品种法的生产流程，掌握品种法成本计算过程
技能内容	1．给学生发放成本核算业务流程图 2．到企业参观品种法的生产流程 3．由校外兼职教师介绍企业采用品种法的生产业务流程及特点 4．学生归纳总结品种法的特点和范围
技能组织	联系采用品种法计算成本的企业，组织学生实地进行参观，加深对品种法的认识，根据企业实际业务进行品种法的成本计算和核算
技能考核	通过到企业实地参观、查看实际业务的流程，进行实际业务核算，要求学生写出对品种法的理解感受和体会，并据此打分

项目测试题

一、单选题

1．区分产品成本计算方法的主要标志是（　　）。

A．成本计算对象　　B．生产周期

C．成本计算期　　D．生产费用分配方法

2．品种法成本计算对象是（　　）。

A．生产单位　　B．产品品种

C．产品结构　　D．生产车间

3．品种法的计算程序的特点是（　　）。

A．最具有代表性　　B．最具有特殊性

C．最不完善　　D．与其他方法的计算程序完全不同

4．品种法成本计算期的特点是（　　）。

A．定期按月计算，与生产周期一致

B．定期按月计算，与生产周期不一致

C．不定期计算成本，与生产周期一致

D．不定期计算成本，与会计报告期不一致

5．成本计算的基本方法不包括（　　）。

A．分类法　　B．品种法

C．分步法　　D．分批法

6．品种法适用于（　　）企业。

A．大量大批单步骤生产　　B．大量大批多步骤生产

C．小量单件生产　　D．单件生产

7．品种法计算产品成本，应根据（　　）开设产品生产成本明细账。

A．产品品种　　B．产品数量

C．产品规格　　D．产品质量

8．品种法下，企业如果只生产一种产品，则其发生的生产费用全部是（　　）。

A．间接费用　　B．直接费用

C．固定费用　　D．变动费用

9．品种法一般都定期在（　　）计算产品的生产成本。

A．生产周期末　　B．产品销售时

C．月末　　D．产品完工时

10．品种法是产品成本计算的（　　）。

A．主要方法　　B．重要方法

C．唯一方法　　D．基本方法

二、多选题

1．受生产特点和管理要求的影响，企业产品成本计算的对象包括（　　）。

A．产品品种　　B．产品生产步骤

C．产品批别　　　　D．产品定额

2．企业在确定产品成本计算方法时，必须从企业的具体情况出发，同时考虑的因素包括（　　）。

A．企业的生产特点　　　　B．企业生产规模的大笑

C．进行成本管理的要求　　　　D．月末有无在产品

3．适用于品种法的企业包括（　　）。

A．采掘　　　　B．汽车制造

C．供水、供电　　　　D．小型水泥厂

4．品种法是最基本的成本计算方法，是由于（　　）。

A．各种方法最终都要计算出各产品品种的成本

B．品种法成本计算程序是成本计算的一般程序

C．品种法定期按月计算成本

D．品种法不需要进行费用分配

5．品种法的特点包括（　　）。

A．月末定期进行成本核算　　　　B．以产品品种为成本计算对象

C．成本计算期与生产周期一致　　　　D．成本计算期与会计报告期一致

三、判断题

1．多步骤生产可以采用品种法。（　　）

2．供水、供电等辅助生产单位，不可以采用品种法。（　　）

3．采用品种法计算产品成本，不存在将生产费用在完工产品和月末在产品之间分配。（　　）

4．成本计算对象是区分产品计算基本方法的主要标志。（　　）

5．品种法成本计算期与生产周期不一致。（　　）

四、简答题

1．什么是品种法？有什么特点？

2．简述品种法成本计算程序。

3．简述品种法的适用范围。

五、项目实训题

（一）项目实训目的

熟悉成本计算的品种法具体应用及明细账登记

（二）项目实训资料及要求

实训资料：

五星机械制造公司属于大量大批单步骤生产类型。设有两个基本生产车间和供电、供水两个辅助车间。第一车间生产甲、乙两种产品，第二车间生产丙产品。

（1）三种产品 10 月份月初在产品成本资料如表 9-23 所示。

表 9-23　月初在产品资料表

产品名称	直接材料	燃料和动力	直接人工	制造费用	合计
甲产品	7 800	260	3 400	3 850	15 310
乙产品	1 970	470	7 580	2 900	12 920
丙产品	8 430	630	6 900	5 420	21 380

（2）20××年 10 月材料费用资料如表 9-24 所示。

表 9-24　材料费用分配表

应借账户			成本费用项目	直接领用材料	共同耗用材料					耗用材料费用合计
总账	明细账				产量/件	单耗定额	定额费用	分配率	应分配费用	
生产成本	基本生产成本	甲产品	直接材料	37 000	300	20	6 000	1.5	9 000	46 000
		乙产品	直接材料	30 000	200	20	4 000	1.5	6 000	36 000
		丙产品	直接材料	27 000						27 000
	辅助生产成本	供水车间	原材料	4 600						4 600
		供电车间	原材料	3 300						3 300
制造费用	第一车间		机物料消耗	7 000						7 000
	第二车间		机物料消耗	6 300						6 300
管理费用			修理费	4 500						4 500
合　计				119 700					15 000	134 700

（3）外购动力费用资料如表 9-25 所示。

表 9-25　外购动力费表

应借账户			成本费用项目	动力费用分配（0. 4 元/度）				
总账	明细账			生产工时	分配率（元/小时）	分配金额	用电量（度）	分配金额
生产成本	基本生产成本	甲产品	燃料和动力	3 600	0.95	3 420		
		乙产品	燃料和动力	4 000	0.95	3 800		
		丙产品	燃料和动力				7 500	3 000
	辅助生产成本	供水车间	燃料和动力				2 000	800
		供电车间	燃料和动力				600	240
制造费用	第一车间		水电费				400	160
	第二车间		水电费				370	148
管理费用			水电费				580	232
合　计				7 600	0.95	7 220	11 450	4 580

（4）本月职工薪酬费用分配资料如下：

基本车间生产甲产品直接人工 33 460 元，乙产品 23 510 元，丙产品 34 600 元；供水车间职工薪酬 7804 元，供电车间职工薪酬 6 410 元，第一车间职工薪酬 4 330 元，第二车间职工薪酬 2 930 元，管理部门职工薪酬 1 476 元。

（5）本月固定资产折旧费用：第一车间计提折旧 4 500 元，第二车间 2 900 元，供水车间 1 760 元，供电车间 370 元，管理部门 4 100 元。

（6）本月其他日常费用资料：生产车间第一车间低值易耗品摊销 750 元，第二车间 680 元；第一车间修理费用 400 元，第二车间 3 836.3 元。

实训要求：

（1）根据有关资料登记辅助生产成本明细账，如表 9-26 与表 9-27 所示。

表 9-26　辅助生产成本明细账

供水车间　　　　20××年 10 月

20××年		摘要	原材料	燃料和动力	工资	折旧费	合计
月	日						
10	31	材料费					
10	31	外购动力费					
10	31	职工薪酬费用					
10	31	折旧费					
10	31	待分配费用					
10	31	分配转出费用					

表 9-27　辅助生产成本明细账

供电车间　　　　20××年 10 月

20××年		摘要	原材料	燃料和动力	工资	折旧费	合计
月	日						
10	31	材料费					
10	31	外购动力费					
10	31	职工薪酬费用					
10	31	折旧费					
10	31	材料费					
10	31	待分配费用					
10	31	分配转出费用					

（2）根据辅助生产成本明细账采用直接分配法编制“辅助生产费用分配表”，如表 9-28 所示。

表 9-28　辅助生产费用分配表

20××年 10 月

辅助生产车间			供水车间	供电车间
供水（m^3），供电（度）			13 400	4 000
待分配费用				
分配率				
一车间	产品用	数量	10 000	
		金额		
	车间用	数量	600	1 900
		金额		

续表

辅助生产车间			供水车间	供电车间
二车间	产品用	数量	2 000	
		金额		
	车间用	数量	320	1 100
		金额		
管理部门		数量	480	1 000
		金额		
合　计				

（3）根据生产工时分配甲、乙两种产品第一车间水电费用，如表 9-29 所示。

表 9-29　水电费用表

分配对象	生产工时/小时	分配率	分配金额
甲产品	3 100		
乙产品	1 002		
合　计	4 102		

（4）根据上述资料，登记制造费用明细账并编制“制造费用分配表”，如表 9-30～表 9-32 所示。

表 9-30　制造费用明细账

第一车间　　　　　　　　　　20××年 10 月

20××年		摘要	职工薪酬	折旧费	水费	低值易耗品摊销	机物料消耗	电费	合计
月	日								
10	31	材料费							
10	31	外购动力费							
10	31	职工薪酬							
10	31	折旧费							
10	31	低值易耗品摊销							
10	31	修理费用							
10	31	供水费用							
10	31	供电费用							
10	31	本月合计							

表 9-31　制造费用明细账

第二车间　　　　　　　　　　20××年 10 月

20××年		摘要	职工薪酬	折旧费	水费	低值易耗品摊销	机物料消耗	电费	合计
月	日								
10	31	材料费							
10	31	外购动力费							
10	31	职工薪酬							
10	31	折旧费							
10	31	低值易耗品摊销							
10	31	修理费用							
10	31	供水费用							

续表

20××年		摘要	职工薪酬	折旧费	水费	低值易耗品摊销	机物料消耗	电费	合计
月	日								
10	31	供电费用							
	31	本月合计							

表 9-32 制造费用分配表

20××年 10 月

产品名称	第一车间			第二车间
	生产工时/小时	分配率	应分配费用	
甲产品	3 100			
乙产品	1 002			
丙产品				

（5）根据上述各种费用分配表，分别归集甲、乙、丙三种产品的成本，如表 9-33～表 9-36 所示。

表 9-33 基本生产成本明细账

车间：第一车间　　20××年 10 月　　在产品数量：160 件

产品名称：甲产品　完工数量：630 件　在产品完工程度：50%　投料方式：一次投料

20××年		摘要	直接材料	直接人工	制造费用	燃料和动力	合计
月	日						
10	1	期初在产品成本					
10	31	材料费					
10	31	外购动力					
10	31	职工薪酬					
10	31	水电					
10	31	制造费用					
10	31	生产费用合计					
10	31	本月约当产量合计					
10	31	分配率					
10	31	本月完工产品成本					
10	31	月末在产品成本					

表 9-34 基本生产成本明细账

车间：第一车间　　20××年 10 月　　在产品数量：110 件

产品名称：乙产品　完工数量：380 件　在产品完工程度：50%　投料方式：一次投料

20××年		摘要	直接材料	直接人工	制造费用	燃料和动力	合计
月	日						
10	1	期初在产品成本					
10	31	材料费					
10	31	外购动力					
10	31	职工薪酬					

续表

20××年		摘要	直接材料	直接人工	制造费用	燃料和动力	合计
月	日						
10	31	水电					
10	31	制造费用					
10	31	生产费用合计					
10	31	本月约当产量合计					
10	31	分配率					
10	31	本月完工产品成本					
10	31	月末在产品成本					

表 9-35　基本生产成本明细账

车间：第二车间　　　　20××年 10 月　　　　在产品数量：130 件

产品名称：丙产品　完工数量：400 件　　　　在产品完工程度：50%　　　　投料方式：一次投料

20××年		摘要	直接材料	直接人工	制造费用	燃料和动力	合计
月	日						
10	1	期初在产品成本					
10	31	材料费					
10	31	外购动力					
10	31	职工薪酬					
10	31	水电					
10	31	制造费用					
10	31	生产费用合计					
10	31	本月约当产量合计					
10	31	分配率					
10	31	本月完工产品成本					
10	31	月末在产品成本					

表 9-36　产成品成本汇总表

20××年 10 月

应借账户	产品名称	成本	直接材料	直接人工	制造费用	燃料和动力	合计
库存商品	甲产品	总成本					
		单位成本					
	乙产品	总成本					
		单位成本					
	丙产品	总成本					
		单位成本					
合　计							

项目 10

分 批 法

职业行动能力

- ◆ 掌握分批法的计算程序。
- ◆ 运用分批法进行成本的分配。

学习任务目标

- ◆ 了解一般分批法、简化分批法的概念、特点。
- ◆ 理解一般分批法、简化分批法的适用范围。

任务导入

一、案例资料

建国机床厂主要生产CA系列、CW系列、CAK系列、CKH系列4种车床，该厂业务部门20××年6月签订如表10-1所示的合同。

表10-1　产品合同资料表

合同号	单位名称	产品名称	订货量	8月交货量	10月交货量
301	长春客户	CA系列	2	1	1
302	山东客户	CW系列	4	2	2
303	四川客户	CAK系列	3	1	2
304	河南客户	CKH系列	8	2	6

一、讨论题

1. 假定上述订货在7月份开始生产，该企业应如何按产品订单组织生产批号？
2. 该企业应采用什么方法计算成本？
3. 该企业应以什么为成本计算对象开设“基本生产成本”明细账？

任务10.1　一般分批法核算前的准备

10.1.1　相关知识

1．分批法的概念和适用范围

（1）分批法的概念

分批法是按照产品批别归集生产费用，计算产品成本的一种方法。在小批单件生产的企业中，企业的生产活动基本上是根据订货单位的订单签发工作号来组织生产的，按产品批别计算产品成本，往往与按订单计算产品成本相一致，因而分批法也称为订单法。

（2）适用范围

分批法主要适用于小批、单件，管理上不要求分步骤计算成本的多步骤生产的企业，如重型机器制造、船舶制造、精密工具仪器制造、服装和印刷工业等。

2．分批法的特点

（1）成本计算对象是产品的批别或订单

分批法的成本计算对象是批别或订单，要求生产成本明细账按产品批别或客户订单来开设，并按规定的成本项目归集生产费用，计算产品成本。对于直接费用，需要在费用原始凭单上注明订单号或产品批别，可以防止串工串料，也便于将直接费用计入相关产品的成本项目；对于不能直接明确费用收益对象的间接费用，应先按发生地点归集在“制造费用”或“辅助生产成本”账户中，月末采用适当的标准分配计入各批产品的“基本生产成本”明细账中。

小提示

在单件小批生产的企业，生产活动基本上是按照购买单位的订单作为不同批别进行组织的。但是，一张订单和一个批别并非同一概念。如果一张订单中产品不止一种，为便于生产管理、考核和分析各种产品成本计划的完成情况，可按照产品品种划分批别组织生产并计算成本。如果在同一时期，不同订单内有相同的产品，而且数量不多，为了经济合理地组织生产，可以将不同订单上的相同产品合为一批组织生产计算成本。另外，如果一种产品订货数量较大，用户要求分批交货时，也可分为数批组织生产。

（2）成本计算期与产品生产周期基本一致，与会计报告期间不一致

分批法以每批（或每件）产品的生产周期为成本计算期。由于产品的交货期要视合同要求而定，因此产品成本计算是不定期的，与会计报告期不一致。采用分批法计算产品成本时，各批产品发生的费用也是按月归集的。

（3）生产费用不需要在完工产品与月末在产品之间进行分配

如果是单件生产，在产品完工以前，成本计算单中所记费用为在产品成本。产品完工时，其所记费用为产成品总成本。如果为小批生产，月末计算成本时，往往已全部完工，或者全部未完工，这时通常也不需要在完工产品和在产品之间分配费用。

小提示

在分批法下，在批量稍大，跨月陆续完工交货时，则有必要计算完工产品和月末在产品成本，以便计算先交货的成本。通常做法是对先完工部分按计划单位成本或定额单位成本或最近一期相同产品的实际单位成本计价，从该批产品成本计算单中转出，剩下为该批产品在产品的成本。在该批产品全部完工时，另行计算该批产品实际总成本与单位成本，但对原来计算出的产品成本，不用账面调整。若批内产品跨月完工的数量较多，则应采用适当的方法在完工产品与产品之间分配费用。

3. 分批法成本计算程序

（1）按产品的批号（生产订单）设立生产明细账或成本计算单。如果企业按产品批别组织生产，在产品投产时，生产计划部门要发出“生产通知单”，将生产任务命令下达生产车间并通知会计部门。会计部门应根据产品批别，开设成本计算单，成本计算单内按成本项目归集生产费用，计算本批产品的成本。成本计算单的开设和结账。应当与生产通知单的签发和结束协调一致，以保证各批产品成本计算的正确性。

（2）归集与分配生产费用。根据各项费用发生的原始凭证，汇总编制各种费用分配表，并将各批产品发生的直接材料和直接人工费用，按批号或工作令号直接汇总计入各批产品的

基本生产成本明细账中，防止“串批”；将发生的间接费用按其用途和发生地点归集在“辅助生产成本”和“制造费用”明细账中，月末按照特定的方法在各批产品之间进行分配，再计入各批产品“生产成本——基本生产成本”明细账中。

（3）计算各批完工产品成本。月末，对于已经完工的各批产品，将基本生产成本明细账中所归集的成本项目费用相加，就是完工产品的实际总成本；月末未完工的各批产品其基本生产明细账中所归集的生产费用，就是月末在产品成本；月末如果有跨月完工产品，并需要销售的，则可以按照定额成本法或约当产量法计算完工产品成本和月末在产品成本，待该批产品全部完工时，再计算其实际总成本和单位成本。

10.1.2 一般分批法核算程序图

一般分批法核算程序图，如图 10-1 所示。

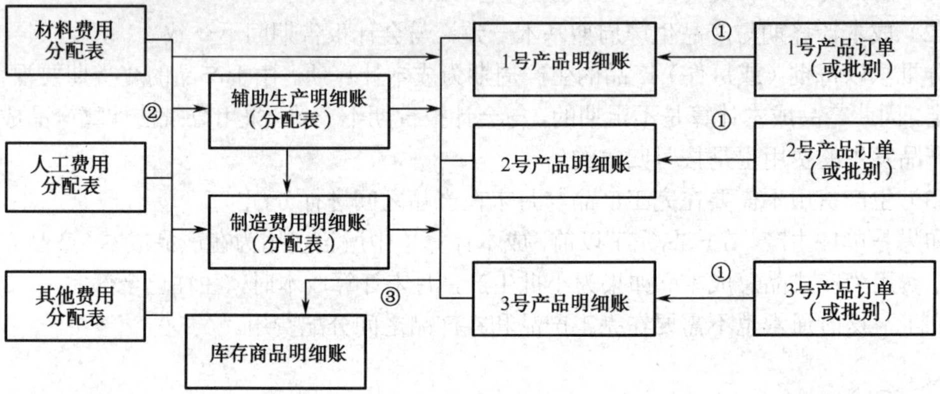

图 10-1　分批法成本核算程序图

注：

① 按产品的批号（生产订单）设立生产明细账或成本计算单；

② 归集与分配生产费用；

③ 计算各批完工产品成本。

任务 10.2　一般分批法的应用

10.2.1　实际操作

学中做

霓裳服装公司有两个基本生产车间，根据客户订单分批生产西装、校服、休闲装三种产品，采用分批法计算产品成本。20××年 8 月份的生产情况，如表 10-2 所示。其中 802 批号的休闲装，本月完工 400 件，月末按照计划成本结转完工产品成本，计划单位成本如下：原材料 80 元，燃料和动力 15 元，工资及福利费 13.5 元，制造费用 12 元，合计单位成本 120.5 元。8 月份初在产品成本和本月发生的生产费用资料，如表 10-3 和表 10-4 所示。

表 10-2　8 月份生产情况表

批号	产品名称	批量	投产日期	完工日期
708	西装	500 套	7 月 16 日	8 月 12 日
801	校服	1 000 套	8 月 5 日	8 月 28 日
802	休闲装	1 200 套	8 月 19 日	9 月 12 日

表 10-3　月初在产品成本

产品名称	产品批号	直接材料	燃料和动力	直接人工	制造费用	合计
西装	708	80 000	6 000	7 500	4 700	98 200

表 10-4　本月发生的生产费用

产品名称	产品批号	直接材料	燃料与动力	直接人工	制造费用	合计
西装	708	8 000	4 800	5 600	3 500	21 900
校服	801	100 000	22 000	16 300	10 800	149 100
休闲装	802	78 000	15 500	12 650	9 970	116 120

【解析】

（1）根据上述各项资料，登记各批产品的成本明细账，如表 10-5～表 10-7 所示。

表 10-5　基本生产明细账

生产批号：708　　产品名称：西装　　投产日期：7 月 16 日

生产车间：第一车间　　生产批量：500 套　　完工日期：8 月 12 日　　单位：元

摘要	原材料	燃料和动力	职工薪酬	制造费用	合计
月初在产品成本	80 000	6 000	7 500	4 700	98 200
本月生产费用	8 000	4 800	5 600	3 500	21 900
累计生产费用	88 000	10 800	13 100	8 200	120 100
完工产品成本	80 000	10 800	13 100	8 200	120 100
单位成本	176	21.6	26.2	16.4	240.2

表 10-6　基本生产明细账

生产批号：801　　产品名称：校服　　投产日期：8 月 5 日

生产车间：第一车间　　生产批量：1 000 套　　完工日期：8 月 28 日　　单位：元

摘要	原材料	燃料和动力	职工薪酬	制造费用	合计
本月生产费用	100 000	22 000	16 300	10 800	149 100
完工产品成本	100 000	22 000	16 300	10 800	149 100
单位成本	100	22	16.3	10.8	149.1

表 10-7　基本生产明细账

生产批号：802　　产品名称：休闲服　　投产日期：8 月 19 日

生产车间：第二车间　　生产批量：1 200 套　完工数量：400 套　　完工日期：9 月 12 日　　单位：元

摘要	原材料	燃料和动力	职工薪酬	制造费用	合计
本月生产费用	78 000	15 500	12 650	9 970	116 120
计划单位成本	80	15	13.5	12	120.5
完工产品成本	80×400=32 000	15×400=6 000	13.5×400=5 400	12×400=4 800	48 200
月末在产品成本	46 000	9 500	7 250	5 170	67 920

（2）将上述各批完工产品的成本进行汇总，编制完工产品成本汇总表，如表 10-8 所示。

表 10-8　完工产品成本汇总表

单位：元

产品批别	产品名称	单位	完工数量	原材料	燃料和动力	职工薪酬	制造费用	合计
708	西装	件	500	88 000	10 800	13 100	8 200	120 100
801	校服	件	1 000	100 000	22 000	16 300	10 800	149 100
802	休闲装	件	400	32 000	6 000	5 400	4 800	48 200

（3）根据完工产品成本汇总表编制会计分录如下：

借：库存商品——708 批（西装）　　120 100

——801 批（校服）　　149 100

——802 批（休闲装）　　48 200

贷：生产成本——基本生产成本——708 批（西装）　　120 100

——801 批(校服)　　149 100

——802 批（休闲装）　　48 200

10.2.2 职业技能训练

项目 10 职业技能训练安排，如表 10-9 所示。

表 10-9 项目 10 职业技能训练安排

技能要求	如何进行运用分批法进行成本的计算和分配
技能目标	能够登记产品成本计算单和基本生产明细账，使学生明确分批法的计算程序和方法，强化学生的职业技能
技能内容	1. 设计相关案例，让学生运用 Excel 编制产品成本计算单，根据案例资料设置和登记产品生产成本明细账，计算出完工产品实际成本 2. 给学生发放成本核算业务流程图，强化业务流程的理解 3. 到企业参观分批法的生产业务流程，亲身感受生产业务过程 4. 聘请企业一线成本核算人员介绍企业采用分批法的生产业务及特点
技能组织	1. 联系采用分批法计算成本的企业，组织学生实地进行参观，加深对分批法的认识，根据企业实际业务进行分批法的成本计算和核算 2. 在计算机房进行教学活动，要求每个学生进行 Excel 表格的填制 3. 将学生分成几个小组，对选择的一个案例进行分析后，在班级组织一次交流，每组推荐一名成员作汇报
技能考核	通过到企业实地参观、查看实际业务的流程，进行实际业务操作，要求学生写出对分批法的理解感受和体会，并据此打分

任务 10.3 简化分批法的应用

10.3.1 相关知识

1. 简化分批法的概念和适用范围

简化分批法也称累计间接费用分配法。这种方法是各批产品在完工前，只按月登记其发生的直接费用和生产工时，对于每月发生的间接费用，如工资、福利费（制造费用）等，不予计算分配，将全部产品的间接费用集中计算，当某批产品完工时，在完工月份再按完工产品的工时占全部产品已完工总工时的比例，计算分配完工产品应负担的间接费用，确定完工产品的总成本和单位成本。

适用范围：在投产批数较多而且月末未完工批数较多的企业（如机械制造厂或修配厂），可以采用简化的分批法。

2. 设置产品成本明细账及二级账

采用简化分批法时，应按产品的批别开设成本明细账，在明细账中，平时只按月登记有关产品的直接费用，以及该批产品的已完工时（已完实际工时或已完定额工时），而不分配登记有关产品间接费用。该批产品完工时，根据完工产品的工时和每工时间接费用分配率，计算求得完工产品应负担的间接费用，并将间接费用转入产品成本明细账。

此外，为了提供全部产品的累计间接费用和累计已完工时数，还须另外增设一个基本生产成本二级账，账簿中分成本项目登记全部在产品的累计间接费用以及累计生产工时，在有完工产品的月份，依据账簿中全部在产品的累计间接费用记录和累计工时记录，算出每工时间接费用分配率，然后再根据各完工产品的工时数算出完工产品应负担的间接费用，并予以结转。

小提示

不分批计算在产品成本的分批法

采用简化分批法，每月发生的各项间接计入费用，不是按月在各批产品之间进行分配，而是先在基本生产二级账中累计起来，在有完工产品的月份，按照完工产品累计生产工时的比例，在各批完工产品之间进行分配，对未完工的在产品则不分配间接计入费用，因此，简化分批法也称不分批计算在产品成本分批法。

3. 间接计入费用累计分配率的计算

$$\text{全部产品累计间接费用分配率}=\frac{\text{全部产品累计间接费用}}{\text{全部产品累计工时}}$$

某批完工产品应负担的间接费用=该批完工产品的累计工时×全部产品累计间接费用分配率

10.3.2 简化分批法的计算程序

1. 简化分批法计算成本的基本程序

① 根据“生产任务通知单”（或批别）设置基本生产成本明细账，根据材料费用分配表和生产工时记录等将各批耗用的材料费用和生产工时计入各生产成本明细账和。

② 设置基本生产成本二级账，根据材料费用分配表和生产工时记录等将各批耗用的材料费用和生产工时计入基本生产成本二级账。根据“其他费用要素分配表”，将人工费用和制造费用计入基本生产成本二级账。

③ 月末，将基本生产成本二级账的直接材料费用及生产工时与基本生产成本明细账中的直接材料费用及生产工时进行核对。

④ 月末，如有完工产品，计算累计间接计入费用分配率，并据此分配间接计入费用，登记基本生产成本明细账。

2. 简化分批法的成本计算程序图，如图 10-2 所示。

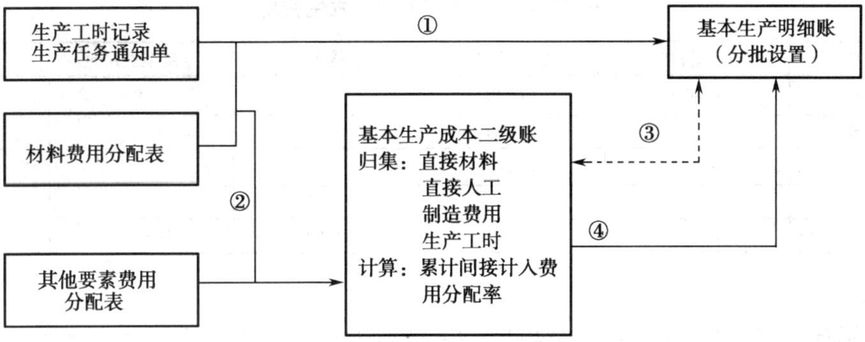

图 10-2　简化分批法的成本计算程序图

注：

① 根据生产任务通知单（或批别）设置基本生产成本明细账。

② 设置基本生产成本二级账，将生产工时、材料费用和其他费用计入基本生产成本二级账。

③ 月末将基本生产成本明细账和基本生产二级账进行核对。

④ 月末有完工产品，计算累计间接计入费用分配率，将间接费用计入基本生产明细账。

10.3.3　实际操作

学中做

雷鸣公司小批生产多种产品，产品批数多，为了简化产品成本计算工作，采用简化的分批法计算成本。

该企业 6 月（本月）份各批产品的情况如下：

94408 号：甲产品 9 件，4 月份投产，本月完工；

94519 号：乙产品 8 件，5 月份投产，本月完工 5 件；

94523 号：丙产品 12 件，5 月份投产，尚未完工；

94601 号：丁产品 10 件，6 月份投产，尚未完工。

本月份，各批产品成本资料及耗用工时情况如表 10-10 所示。

表 10-10　各批产品的月初在产品费用

产品名称	直接材料	生产工时	直接人工	制造费用	合计
94408 号	50 200	18 810			50 200
94519 号	38 400	8 620			38 400
94523 号	34 950	12 350			34 950
月初在产品费用合计	123 550	39 780	35 404	111 383	270 337

表 10-11　各批产品本月发生费用

产品名称	直接材料	生产工时	直接人工	制造费用	合计
94408 号	12 930	14 220			12 930
94519 号		15 880			
94523 号	15 450	15 110			15 450
94601 号	12 370	13 210			12 370
本月发生费用合计	40 750	58 420	52 976	163 577	257 303

【解析】

本月累计生产工时=39 780+58 420=98 200（小时）

本月累计直接人工=35 404+52 976=88 380（元）

本月累计制造费用=111 383+163 577=274 960（元）

$$每工时直接人工费用分配率=\frac{88\ 380}{98\ 200}=0.9\ （元/小时）$$

$$每工时制造费用分配率=\frac{274\ 960}{98\ 200}=2.8\ （元/小时）$$

（1）该企业设立基本生产成本二级账如表 10-12 所示。

表 10-12　基本生产成本二级帐

年		摘　　要	直接材料	生产工时	直接人工	制造费用	合计
月	日						
6	1	在产品成本	123 550	39 780	35 404	111 383	270 337
6	30	本月发生费用	40 750	58 420	52 976	163 577	257 303
6	30	本月累计生产费用	164 300	98 200	88 380	274 960	527 640
6	30	全部产品累计间接费用分配率			0.9	2.8	
6	30	本月完工转出	87 130	48 970	44 073	137 116	268 319
6	30	在产品成本	77 170	49 230	44 307	137 844	259 321

（2）该企业设立的各批产品成本明细账，如表 10-13～表 10-16 所示。

表 10-13　产品成本明细账

产品批号：94408　　　　　　　　　　　　　　　　　　投产日期：4 月

产品名称：甲产品　　　　　　　　批量：9 件　　　　　　完工日期：6 月

年		摘　　要	直接材料	生产工时	直接人工	制造费用	合计
月	日						
6	1	月初在产品成本	50 200	18 810			
6	30	本月发生费用	12 930	14 220			
6	30	本月累计生产费用	63 130	33 030			
6	30	全部产品累计间接费用分配率			0.9	2.8	
6	30	本月完工转出	63 130	33 030	29 727	92 484	185 341
6	30	完工产品单位成本	7 014.44		3 303.00	102 786	20 593.44

根据表 10-13，结转完工产品成本：

借：库存商品——甲产品　　　　　　　　　　　　　　　　185 341

　　贷：生产成本——基本生产成本——94408（甲产品）　　　　185 341

表 10-14 产品成本明细表

产品批号：94591　　　　　　　　　　　　　　　　　　　投产日期：5 月

产品名称：乙产品　　　　　　　批量：8 件　　完工 5 件　　完工日期：6 月

年		摘　　要	直接材料	生产工时	直接人工	制造费用	合计
月	日						
6	1	月初在产品成本	38 400	8 620			
6	30	本月发生费用		15 880			
6	30	本月累计生产费用	38 400	24 500			
6	30	全部产品累计间接费用分配率			0.9	2.8	
6	30	本月完工产品(5 件)转出	24 000	15 940	14 346	44 632	82 978
6	30	完工产品单位成本	4 800		2 869.20	8 926.40	16 595.60
6	30	在产品成本	14 400	8 560			

该种产品所耗直接材料在生产开始一次投入，因而直接材料按完工产品与月末在产品的数量比例分配：

$$直接材料费用分配率=\frac{38\ 400}{5+3}=4\ 800\ （元/件）$$

完工产品直接材料费用=5×4 800=24 000（元）

在产品直接材料费用=3×4 800=14 400（元）

根据上表结转完工产品成本

借：库存商品——乙产品　　　　　　　　　　　　　　82 978

　　贷：生产成本——基本生产成本——94 519（乙产品）　　　82 978

表 10-15 产品成本明细表

产品批号：94523　　　　　　　　　　　　　　　　　　　投产日期：5 月

产品名称：丙产品　　　　　　　批量：12 件　　　　　　　完工日期：

年		摘　　要	直接材料	生产工时	直接人工	制造费用	合计
月	日						
6	1	月初在产品成本	34 950	12 350			
6	30	本月发生费用	15 450	15 110			

表 10-16 产品成本明细账

产品批号：94601　　　　　　　　　　　　　　　　　　　投产日期：6 月

产品名称：丁产品　　　　　　　批量：10 件　　　　　　　完工日期：

年		摘　　要	直接材料	生产工时	直接人工	制造费用	合计
月	日						
6	30	本月发生费用	12 370	13 210			

小提示

简化分批法的各批产品之间分配间接费用的工作和完工产品与产品之间分配费用的工作，都是利用累计间接费用分配率，到产品完工时合并在一起进行，这就大大简化了费用的分配和登记工作，月末完工产品的批数越多，核算的工作就越简化。但是这种方法只适用于各月间接费用水平相差不多的情况下采用，否则就会影响各月产品成本的正确性。

项目测试题

一、单选题

1．分批法适用于（　　）。

A．小批单件生产　　B．小批大量生产

C．大批大量单步骤生产　　D．大批大量多步骤生产

2．对于成本核算计算的分批法，下列说法正确的是（　　）。

A．不存在完工产品与在产品之间费用分配问题

B．成本计算期与会计报告期一致

C．适用于小批、单件、管理上不要求分步骤计算成本的多步骤生产

D．以上说法全正确

3．采用简化分批法，产品完工以前产品成本明细账（　　）。

A．只登记各种材料费用

B．登记间接计入费用，不登记直接计入费用

C．登记直接计入费用，不登记间接计入费用

D．不登记任何费用

4．简化分批法是（　　）。

A．不计算在产品成本的分批法　　B．不分批计算在产品成本

C．不分批计算完工产品成本　　D．分批计算完工产品和在产品成本

5．分批法的成本核算对象是（　　）。

A．产品订单　　B．产品批别

C．生产计划　　D．产品品种

6．如果对同一种产品进行分批生产，则其产品成本明细账按（　　）设置。

A．该产品　　B．产品批别

C．产品工艺过程　　D．产品生产步骤

7．在小批生产批内产品跨月陆续完工不多的情况下，采用（　　）在完工产品与月末在产品之间分配生产费用。

A．简化分批法　　B．约当产量法

C．不计算在产品成本法　　D．定额成本法

8．简化分批法下，其间接费用的分配是利用（　　），到产品完工时合并一次完成。

A．累计生产费用分配率　　B．累计直接费用分配率

C．累计制造费用分配率　　D．累计间接费用分配率

9．简化分批法下，必须设置产品成本二级账，登记（　　）。

A．间接费用和生产工时　　B．定额工时

C．直接费用　　D．期间费用

10．如果一张订单中规定几种产品，那么应（　　）。

A．按一批产品组织生产、计算成本
B．按照单位要求，分批交货，分数批组织生产、计算成本
C．按照产品的品种划分批别，组织生产、计算成本
D．按产品所用零件的批别，分批组织生产、计算成本

二、多选题

1．分批法适用（　　）。
A．单件小批单步骤生产
B．提供劳务的生产
C．管理上不要求分步计算成本的单件小批多步骤生产
D．新产品试制、自制设备

2．采用简化的分批法（　　）。
A．必须设立基本生产成本明细账
B．在产品完工之前，产品成本明细账只登记直接计入费用和生产工时
C．在生产成本明细账中登记间接计入费用
D．不分批计算在产品成本

3．简化分批法下，累计间接计入费用分配率是（　　）。
A．各批产品之间分配间接计入费用的依据
B．在各批完工产品之间分配该费用的依据
C．在完工批别和月末在产品批别之间分配间接计入费用的依据
D．在某批产品的完工和月末在产品之间分配间接计入费用的依据

4．采用分批法计算产品成本时，如果批内产品跨月陆续完工不多的情况，完工产品数量占全部批量的比重很小，先完工的产品可以（　　）从产品成本明细账转出。
A．按计划单位成本计价　　B．按定额单位成本计价
C．按近期相同产品的实际单位成本计价　　D．按实际单位成本计价

三、判断题

1．采用分批法计算产品成本，只有在该批产品全部完工时才能计算成本。（　　）
2．如果一张订单规定有几种产品，也应合为一批组织生产。（　　）
3．分批法与品种法的主要区别是成本计算对象和成本计算期不同。（　　）
4．分批法的成本计算程序与品种法基本相同。（　　）
5．采用简化的分批法，完工产品不分配给结转间接计入费用。（　　）

四、简答题

1．简化分批法的应用条件包括哪些？
2．简述分批法的特点。
3．简述分批法计算程序。

五、项目实训题

（一）项目实训目的

掌握产品成本计算的分批法账务处理。

（二）项目实训资料及要求

实训资料：安乐工厂20××年6月生产101批次A产品、102批次B产品、103批次C产品，有关成本资料如下：

（1）月初在产品成本：101批次A产品直接材料76 000元，直接人工31 000元，制造费用33 000元。103批次C产品直接材料170 000元，直接人工8 000元，制造费用67 000元。

（2）本月生产情况：101批次A产品5月1日投产40件，本月28日已全部完工验收入库，本月实际生产工时9 000小时；102批次B产品本月5日投产160件，本月已完工入库20件，本月实际生产工时5 100小时；103批次C产品5月3日投产80件，本月尚未完工，本月实际生产工时7 000小时。

（3）本月发生费用：投入原材料638 000元，全部为102批次B产品耗用，生产工人工资83 000元，制造费用64 800元。生产工人工资和制造费用按生产工时比例分配。

（4）单位产品定额成本：102批次B产品按定额成本计算完工产品成本，102批次产品单位定额：直接材料3 200元，直接人工760元，制造费用560元。

实训要求：

（1）根据资料对人工费用和制造费用进行分配，填表10-17和表10-18。

（2）按产品批别开设产品成本计算单并登记有关成本费用，填表10-19～表10-21。

表10-17　直接人工费用分配表

生产部门：第一生产车间　　　　20××年6月　　　　金额单位：元

产品	生产工时（小时）	分配率	分配金额
101批次A产品			
102批次B产品			
103批次C产品			
合　计			

表10-18　制造费用分配表

生产部门：第一生产车间　　　　20××年6月　　　　金额单位：元

产品	生产工时（小时）	分配率	分配金额
101批次A产品			
102批次B产品			
103批次C产品			
合　计			

表10-19　产品成本计算单

批别：101批　　　　投产日期：5月1日

产品名称：A产品　　　　批量：50件　　　　完工日期：6月28日　　　　单位：元

摘要	直接材料	直接人工	制造费用	合计
月初在产品成本				
本月分配职工薪酬				
本月分配制造费用				
本月发生生产费用合计				
本月累计生产费用				
结转本月完工产品成本				

表 10-20　产品成本计算单

批别：102 批　　　　投产日期：6 月 5 日

产品名称：B 产品　　批量：160 件　　完工日期：　　单位：元

摘要	直接材料	直接人工	制造费用	合计
月初在产品成本				
本月分配职工薪酬				
本月分配制造费用				
本月发生生产费用合计				
单位产品定额成本				
结转本月 20 件完工产品成本				
月末在产品成本				

表 10-21　产品成本计算单

批别：103 批　　　　投产日期：5 月 3 日

产品名称：C 产品　　批量：80 件　　完工日期：　　单位：元

摘要	直接材料	直接人工	制造费用	合计
月初在产品成本				
本月分配职工薪酬				
本月分配制造费用				
本月发生生产费用合计				
生产费用累计				
月末在产品成本				

项目 11

分步法

职业行动能力

- ◆ 能够结合分步法的具体种类设置成本计算单。
- ◆ 能够正确进行各步骤生产费用的归集与分配。
- ◆ 能够根据生产费用分配的结果登记基本生产成本明细账。
- ◆ 能够区分不同的分步法种类进行完工产品与月末在产品费用分配。
- ◆ 学会进行逐步综合结转分步法的成本还原。

学习任务目标

- ◆ 熟悉分步法的含义、特点及种类。
- ◆ 能够说明分步法的计算程序。
- ◆ 能够区分不同种类分步法的特点。
- ◆ 掌握不同种类分步法的计算步骤。

任务导入

一、案例资料

隆兴纺织公司是连续式多步骤生产企业，设有纺纱、织布和印染三个基本生产车间，其产品需要经过三个车间的连续加工而成。纺纱车间需要经过清花、粗纺、并条和粗纱等工序，将原棉加工成棉纱，织布车间将棉纱加工成坯布，印染车间将坯布加工成各种成品布。企业纺纱车间生产的棉纱大部分直接转入织布车间继续加工，只有少部分对外销售，织布车间生产的坯布全部转入印染车间继续加工。

为了加强成本管理，企业财务部门对各车间生产的半成品都要进行考核，所以，企业采用了分步法中的逐步结转分步法计算产品成本。

二、讨论题

1. 该公司采用的逐步结转分步法计算成本是否正确？为什么？

2. 如果你是该公司的成本会计人员，如何根据企业的具体情况来选择成本计算的分步法？

3. 采用分步法计算产品成本时，如何划分成本计算对象？

任务 11.1 分步法核算前的准备

11.1.1 相关知识

1. 概念和适用范围

（1）分步法的概念

分步法是按照产品品种及其产品所经过的生产步骤归集生产费用，计算各种产品成本的一种成本计算方法。

与其他成本计算方法不同，采用分步法计算产品成本时，在各步骤之间还需要进行成本结转，但是由于不同企业生产工艺过程的特点和成本管理对各步骤成本资料的要求不同（各步骤是否计算半成品成本），出于简化成本核算工作的考虑，各生产步骤成本的计算和结转采用两种不同的方法，即逐步结转和平行结转。因此，产品成本计算的分步法，也就分为逐步结转分步法和平行结转分步法两种。

逐步结转分步法是指按产品加工步骤的先后顺序，逐步计算并结转各步骤半成品成本，直到最后一步计算出产成品成本的方法。逐步结转分步法是为了分步计算半成品成本而采用的一种方法，所以，又称为计算半成品成本的分步法或顺序结转分步法。

平行结转分步法是将各生产步骤生产费用中应计入相同产成品成本的份额平行汇总，以求得产成品成本的方法。平行结转分步法是按照产品生产步骤归集生产费用，但只计算完工产成品在各生产步骤的成本“份额”，不计算和结转各生产步骤的半成品成本。因此，也称为不计算半成品成本的分步法。

（2）适用范围

分步法主要适用于大量大批多步骤生产的企业，如冶金、纺织、造纸等连续式多步骤生产的企业以及机械制造等装配式多步骤生产的企业。在这些企业中，产品生产都可分为若干个生产步骤进行。例如，冶金企业的生产可分为炼铁、炼钢、轧钢等生产步骤；纺织企业的生产可分为纺纱、织布、印染等生产步骤；机械制造企业的生产可分为铸造、加工、装配等生产步骤等。为了加强各生产步骤的成本管理，这些企业不仅要求按照产品的品种计算各种产品的成本，而且还要求按照各生产步骤归集生产费用，计算各生产步骤的成本，以便于考核各种完工产品及其所经过的生产步骤成本计划的执行情况。

逐步结转分步法，主要适用于企业各步骤半成品有独立的经济意义和管理上要求核算半成品成本的企业，特别适用于大量大批连续式多步骤生产的企业。在这些企业中，从原材料投入生产到产品完工，要经过若干个加工步骤的生产，前面各步骤生产完工的都是半成品，只有最后一个步骤完工的才是产成品，而且各生产步骤所产的半成品一般都具有独立的经济意义，既可以转交下一生产步骤继续加工，又可以直接作为商品对外销售，如纺织企业生产的棉纱，既可以由企业继续加工成各种棉布，又可以作为商品对外销售。正因如此，才决定了这些企业既要计算各种完工产品的成本，又要计算各步骤所产半成品成本。即使有的企业自制半成品不对外销售，但为了考核各步骤生产耗费情况，也需要计算半成品成本。

平行结转分步法，主要适用于在成本管理上要求分步归集生产费用，但不要求计算半成品成本的企业，特别是没有半成品对外销售的大量大批装配式多步骤生产企业。在这些企业中，从原材料投入生产到产品完工，不需要经过各生产步骤的连续加工，而是先由各生产步骤分别对各种原材料进行平行加工，制成各种零、部件，然后再由装配车间组装成各种产成品。如果这些企业各生产步骤半成品种类比较多，半成品对外销售情况很少，采用平行结转分步法，可以简化和加速成本计算工作。在某些连续式多步骤生产企业中，如果各生产步骤所产半成品仅供企业下一步骤继续加工，不准备对外销售，也可以采用平行结转分步法。

2. 分步法的特点

（1）以产品品种及所经过的生产步骤作为成本计算对象

分步法的成本计算对象是产品的品种及所经过的生产步骤，但逐步结转分步法和平行结转分步法略有不同。

逐步结转分步法要求计算各步骤半成品成本，其成本计算对象应是产成品及各生产步骤的半成品。各生产步骤需要计算出半成品成本，并随着半成品实物的转移进行半成品成本的结转，直到最后步骤计算出产成品成本。

平行结转分步法不要求计算各步骤半成品成本，只要求计算各生产步骤的生产费用中计入产成品成本的“份额”，其成本计算对象应是产成品及所经过的生产步骤。各步骤生产的半成品只要没有被产成品消耗，无论其实物是否发生转移，半成品的成本不进行结转。

小提示

分步法中作为成本计算对象的生产步骤与实际的产品生产步骤并不一定完全一致。为了简化成本计算工作，可以只对管理上有必要分步计算成本的生产步骤单独设立产品成本明细账，单独计算成本；管理上不要求单独计算成本的生产步骤，则可以与其他生产步骤合并设立产品成本明细账，合并计算成本。例如，造纸企业的包装步骤，如果费用不大，为了简化成本计算工作，可以与制纸步骤合并在一起计算成本。

一般情况下，企业的生产车间是按生产步骤设置的，分步计算成本也就是分车间计算成本。如果企业生产车间规模较小，成本管理上不要求分车间计算成本，也可以将几个车间合并为一个成本计算对象。如果企业的生产车间规模较大，车间内部又划分为几个生产步骤，成本管理又要求车间内部按生产步骤计算成本，成本计算对象就应当是生产车间内部的各生产步骤。因此，企业在采用分步法时，应根据具体情况来划分生产步骤，合理确定成本计算对象。

（2）以会计报告期作为成本计算期

在大量大批多步骤生产的企业中，由于产品需要经过多个步骤的加工才能完成，生产过程相对较长，产品跨月陆续完工的情况比较多，为了加强对各步骤产品成本的管理，不可能等到全部产品完工时再计算成本。因此，成本计算只能是按月定期进行，成本计算期与生产周期不一致，与会计报告期一致。

（3）生产费用需要在完工产品与在产品之间进行分配

由于分步法的成本计算期与生产周期不一致，在大量大批多步骤生产的企业中，产品跨月陆续完工的情况比较多，月末通常是既有完工产品，又有在产品存在。因此，月末需要将各生产步骤产品明细账中归集的生产费用累计数，在完工产品与月末在产品之间进行分配。

小提示

逐步结转分步法与平行结转分步法在成本计算对象上有所不同，生产费用在完工产品与月末在产品之间的分配上也存在差异。

逐步结转分步法下，完工产品与月末在产品之间的费用分配，是指各步骤完工的半成品（最后步骤是产成品）与该步骤未完工的狭义在产品之间的费用分配。

平行结转分步法下，完工产品与月末在产品之间的费用分配，是指完工产成品与各步骤广义在产品之间的费用分配。

3. 分步法的成本计算程序

采用分步法计算产品成本，由于各生产步骤成本计算和结转方式不同而形成的逐步结转分步法和平行结转分步法，成本计算程序是不同的。

（1）逐步结转分步法的成本计算程序

逐步结转分步法的成本计算程序，应视企业半成品实物是否通过仓库收发而有所不同。

若半成品不通过仓库收发，直接转入下一步骤继续加工，其成本计算程序为：按生产步骤归集和分配本步骤所发生的材料费、人工费和制造费用，然后计算出第一步骤所产半成品成本，并将其成本转入第二步骤生产成本明细账，再加上第二步骤所发生的各项费用，加总计算出第二步骤所产半成品成本，依次逐步累计结转，直至最后步骤计算出产成品成本。具体程序如图 11-1 所示。

若半成品通过仓库收发，其成本计算程序与半成品不通过仓库收发的程序基本相同，所不同的是各步骤应设置“自制半成品明细账”，完工的半成品必须先入库，再由下一步骤从仓库中领用。具体程序如图 11-2 所示。

（2）平行结转分步法成本计算程序

按生产步骤归集和分配本步骤所发生的材料费、人工费和制造费用，然后将各步骤归集的生产费用累计数在最终完工产成品与月末广义在产品之间进行分配，计算出各步骤计入产成品成本的“份额”，再将各步骤计算的计入产成品成本的“份额”平行相加，计算出完工产成品的总成本。具体程序如图 11-3 所示。

11.1.2 分步法核算程序图

分步法的成本计算程序图如图 11-1～图 11-3 所示。

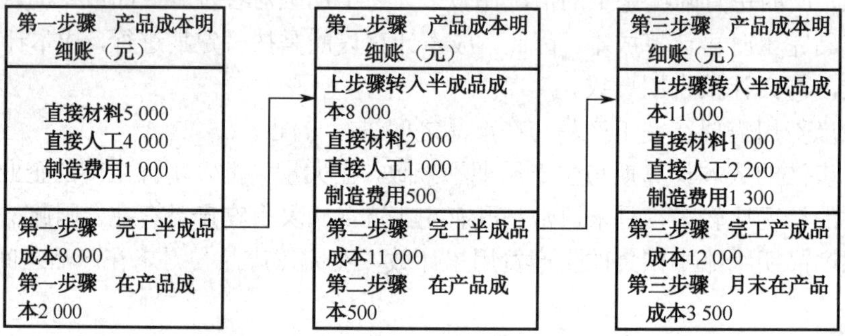

图 11-1 逐步结转分步法计算程序（半成品不通过仓库收发）

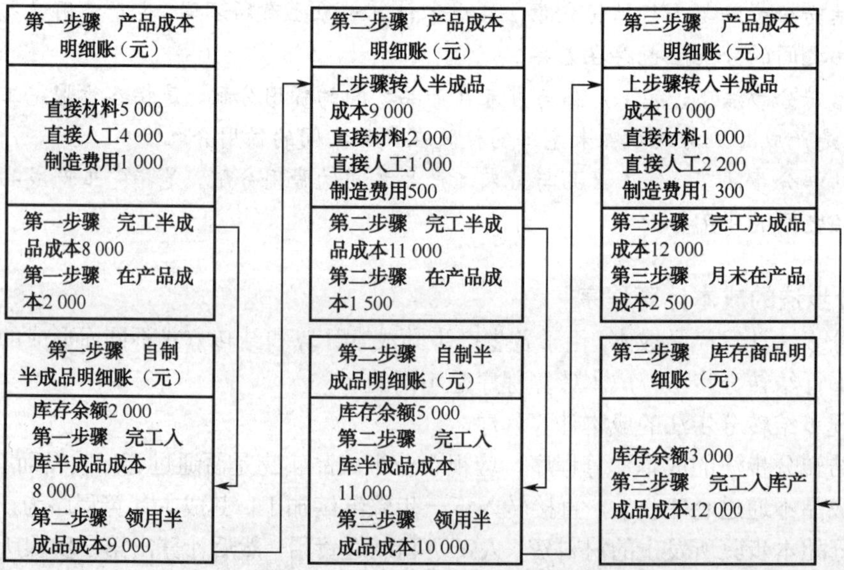

图 11-2 逐步结转分步法计算程序图（半成品通过仓库收发）

图 11-3　平行结转分步法核算程序图

任务 11.2　逐步综合结转分步法的应用

11.2.1　相关知识

1. 设置成本计算单

采用逐步综合结转分步法时，应按产品所经过的生产步骤及各步骤的半成品（最后步骤是产成品）设置生产成本明细账，也称为产品成本计算单。

2. 各步骤直接费用及间接费用的归集和分配

各步骤（车间）所发生的材料费、人工费等直接费用可以直接计入各步骤（车间）产品成本明细账中相应的成本项目；所发生的间接费用应先计入各车间“制造费用”明细账，月末再分配转入各步骤（车间）产品成本明细账中“制造费用”成本项目。

3. 将半成品成本转入下一步骤

在逐步综合结转分步法下，各步骤所耗上一步骤半成品的成本不分成本项目，以半成品总成本的金额全部计入本步骤产品成本明细账中的“直接材料”成本项目或专设的“半成品”成本项目。

半成品成本的综合结转可以按照上一步骤所产半成品的实际成本结转，也可以按照企业确定的半成品计划成本和定额成本结转。

小提示

各生产步骤领用上一步骤半成品，相当于领用原材料。综合结转半成品的核算，相当于各生产步骤领用原材料的核算。

（1）半成品按实际成本综合结转

若各步骤完工半成品全部被下一步骤领用，则上步骤完工半成品的总成本可以直接计入下一步骤生产成本明细账中；若各步骤完工半成品需要通过自制半成品仓库收发领用的，则各步骤所耗上步骤半成品成本，应根据各步骤所耗半成品实际数量乘以半成品实际单位成本计算。计算公式如下：

各步骤所耗上步骤的半成品成本=本步骤所耗半成品数量×半成品实际单位成本。

由于各月完工入库半成品的实际单位成本存在差异，因此，在确定所耗半成品的实际单位成本时，可以采用先进先出法、加权平均法、移动加权平均法等方法。

（2）半成品按计划成本综合结转

半成品按计划成本综合结转时，企业半成品的日常收发核算均按计划单位成本计价，各步骤所耗上步骤半成品成本，应根据所耗半成品实际数量乘以半成品计划单位成本计算。月末在计算出半成品的计划成本的基础上，根据半成品的成本差异率，计算半成品应负担的成本差异，将半成品的计划成本调整为实际成本。

4. 将各步骤生产费用在完工产品与在产品之间进行分配

月末应将各步骤归集的生产费用累计数（即本步骤月初在产品成本加上本月发生的生产费用，再加上上步骤转入的半成品成本）在本步骤完工半成品（最后步骤为产成品）与本步骤未完工的在产品之间进行分配。分配方法可以采用约当产量法、定额比例法和定额成本法等。

5. 产品成本结转的账务处理

（1）结转完工入库半成品成本

借：自制半成品——××半成品

　　贷：生产成本——基本生产成本——××车间

（2）结转各步骤领用半成品成本

借：生产成本—基本生产成本——××车间

　　贷：自制半成品——××半成品

（3）结转完工入库产成品成本

借：库存商品——××产品

　　贷：生产成本——基本生产成本——××车间

6. 成本还原

在逐步综合结转分步法下，各步骤所耗上一步骤的半成品成本，是以半成品总成本的形式反映在下一步骤的成本计算单中“直接材料”成本项目或专设的“半成品”成本项目。因此，最后步骤计算出来的产成品成本中的“直接材料”或“半成品”成本项目，既包括第一步骤的材料费用，还包括了前面各步骤转入的人工费和制造费用，不符合产品成本构成的实际情况，不利于按成本项目考核和分析成本计划的完成情况。因此，必须对产成品成本中的“直接材料”或“半成品”成本项目进行还原，将产品成本还原为按原始成本项目反映的产成品成本，以满足企业考核和分析产品成本构成的需要。

成本还原是指将完工产成品成本中“半成品”成本项目的综合成本逐步分解，还原成“直接材料”、“直接人工”、“制造费用”等原始成本项目，从而求得按原始成本项目反映的产品成本资料。

小提示

成本还原的方法通常采用倒推法，即从最后一个步骤开始，将各步骤所耗上一步骤“半成品”的综合成本，按照上一步骤所产半成品的成本构成比例，依次从后向前逐步分解，直至第一步骤为止，再将各步骤还原后的相同成本项目的金额汇总，从而计算出按直接材料、直接人工、制造费用等原始成本项目反映的产成品成本。

成本还原方法主要有成本还原率法和半成品项目比重法。

（1）成本还原率法

成本还原率法是把各步骤所耗上步骤半成品的综合成本，按照上步骤所产半成品成的成本结构，逐步分解还原，从而求得完工产成品原始成本项目的方法。计算公式如下：

成本还原率=本月本步骤产成品所耗上一步骤半成品成本/本月上步骤所产该种半成品各成本项目合计

本步骤半成品成本还原为上步骤某成本项目金额=上步骤所产半成品某成本项目金额×成本还原率

（2）半成品项目比重法

半成品项目比重法是把各步骤所耗上步骤半成品的综合成本，按照上步骤所产半成品各成本项目占半成品总成本的比重，逐步分解还原，从而求得完工产成品原始成本项目的方法。

上步骤所产半成品成本项目比重=上步骤半成品中某成本项目的金额/上步骤所产半成品总成本

本步骤半成品成本还原为上步骤某成本项目金额=本步骤所耗上步骤半成品总成本×上步骤所产半成品该成本项目比重

在实际工作中，往往是通过编制“成本还原计算表”进行成本还原，其格式如表 11-4 和表 11-5 所示。

11.2.2　实际操作

学中做

冠铭公司分两个步骤生产甲产品，第一步骤本月投产 2 000 件，完工 A 半成品 1 800 件，直接转入下一步骤继续加工，经过第二步骤生产完工入库产成品 1 500 件，在产品 300 件。

两个步骤期末在产品加工程度均为50%，原材料是生产开始时一次投入，该企业采用逐步综合结转分步法计算甲产品成本。所发生的生产费用，如表11-1所示。

表11-1　各步骤生产费用情况表

步　骤	直接材料	直接人工	制造费用
一	470 000	19 000	9 500
二		66 000	41 250

【解析】

根据上述资料登记产品成本明细账及产品成本还原计算表，如表11-2～表11-5所示。

表11-2　第一步骤产品成本明细账

产品名称：A半成品

摘　要	半成品	直接材料	直接人工	制造费用	成本合计
本月生产费用		470 000	19 000	9 500	498 500
完工半成品数量		1 800	1 800	1 800	
本步骤在产品约当产量		200	100	100	
约当总产量		2 000	1 900	1 900	
分配率		235	10	5	
结转完工半成品成本		423 000	18 000	9 000	450 000
月末在产品成本		47 000	1 000	500	48 500

在表11-2中，相关数据计算如下：

直接材料费分配率=470 000÷（1 800+200）=235

完工半成品就负担的材料费=235×1 800=423 000（元）

月末在产品应负担的材料费=235×200=47 000（元）

直接人工费分配率=19 000÷（1 800+200×50%）=10

完工半成品就负担的人工费=10×1 800=18 000（元）

月末在产品应负担的人工费=10×100=1 000（元）

制造费用分配率=9 500÷（1 800+200×50%）=5

完工半成品就负担的制造费用=5×1 800=9 000（元）

月末在产品应负担的制造费用=5×100=500（元）

表11-3　第二步骤产品成本明细账

产品名称：甲产成品

摘　要	半成品	直接人工	制造费用	成本合计
本月发生的生产费用		66 000	41 250	107 250
上步骤转入的半成品成本	450 000			450 000
生产费用合计	450 000	66 000	41 250	557 250
完工产成品数量	1 500	1 500	1 500	
本步骤在产品约当产量	300	150	150	
约当总产量	1 800	1 650	1 650	
分配率	250	40	25	
结转完工产成品成本	375 000	60 000	37 500	472 500
月末在产品成本	75 000	6 000	3 750	84 750

在表11-3中，相关数据计算如下：

直接材料费分配率=450 000÷（1 500+300）=250

完工半成品就负担的材料费=250×1 500=375 000（元）

月末在产品应负担的材料费=250×300=75 000（元）

直接人工费分配率=66 000÷（1 500+300×50%）=40

完工半成品就负担的人工费=40×1 500=60 000（元）

月末在产品应负担的人工费=40×150=6 000（元）

制造费用分配率=41 250÷（1 500+300×50%）=25

完工半成品就负担的制造费用=25×1 500=37 500（元）

月末在产品应负担的制造费用=25×150−3 750（元）

表 11-4　产品成本还原计算表（成本还原率法）

项　目	成本还原率	成本项目				
		半成品	直接材料	直接人工	制造费用	成本合计
还原前产品总成本		375 000		60 000	37 500	472 500
上步骤所产 A 半成品成本			423 000	18 000	9 000	450 000
A 半成品成本还原	0.833 3		352 485.9	14 999.4	7 514.7	375 000
还原后的产品总成本			3 524 850.9	74 999.4	45 014.7	472 500

在表 11-4 中，相关数据计算如下：

成本还原前甲产品的成本构成为：

半成品为 37 500 元、直接人工为 60 000 元、制造费用为 37 500 元，总成本为 472 500 元。

成本还原率=37 500÷45 000=0.833 3

还原为第一步骤直接材料=423 000×0.833 3=35 248.5（元）

还原为第一步骤直接人工=18 000×0.833 3=14 999.4（元）

还原为第一步骤制造费用=375 000−35 248.5−14 999.4=7 514.7（元）

还原后甲产品原始成本构成为：

直接材料=35 248.5（元）

直接人工=60 000+14 999.4=74 999.4（元）

制造费用=37 500+7 514.7=45 014.4（元）

还原后甲产品总成本为 472 500 元

表 11-5　产品成本还原计算表（半成品项目比重法）

项　目	成本项目				
	半成品	直接材料	直接人工	制造费用	成本合计
还原前的产品总成本	375 000		60 000	37 500	472 500
A 半成品成本构成		94%	4%	2%	
A 半成品成本还原		352 500	15 000	7 500	375 000
还原后的成本		352 500	75 000	45 000	472 500

在表 11-5 中，相关数据计算如下：

上步骤完工半成品中直接材料所占比重=423 000÷450 000×100%=94%

上步骤完工半成品中直接人工所占比重=18 000÷450 000×100%=4%

上步骤完工半成品中制造费用所占比重=9 000÷450 000×100%=2%

还原为第一步骤直接材料=375 000×94%=352 500（元）

还原为第一步骤直接人工=375 000×4%=15 000（元）
还原为第一步骤制造费用=375 000×2%=7 500（元）
还原后甲产品原始成本构成为：
直接材料=352 500（元）
直接人工=60 000+15 000=75 000（元）
制造费用=37 500+7 500=45 000（元）
还原后甲产品总成本为 472 500 元。

11.2.3 职业技能训练

项目 11 任务 11.2 职业技能训练安排，如表 11-6 所示。

表 11-6 项目 11 任务 11.2 职业技能训练安排

技能要求	如何运用逐步结转分步法进行核算
技能目标	通过设置并登记产品成本计算单，使学生明确逐步综合结转分步法的计算程序和方法，通过编制产品成本还原计算表，使学生掌握成本还原的各种方法，强化学生的职业技能
技能内容	1. 设计 1～2 个相关案例，让学生根据案例资料设置和登记产品生产成本明细账，计算出完工产品实际成本，并采用不同的成本还原方法进行成本还原 2. 让学生运用 Excel 编制产品成本计算单和产品成本还原计算表 3. 给学生发放分步法成本核算业务流程图，强化业务流程的理解 4. 到企业参观分步法的生产业务流程，亲身感受生产业务过程 5. 聘请企业一线成本核算人员介绍企业采用分步法的生产业务及特点
技能组织	1. 联系采用分批法计算成本的企业，组织学生实地进行参观，加深对分批法的认识，根据企业实际业务进行分批法的成本计算和核算 2. 在计算机房进行教学活动，要求每个学生进行 Excel 表格的填制 3. 将学生分成几个小组，对选择的一个案例进行分析后，在班级组织一次交流，每组推荐一名成员作汇报
技能考核	1. 要求每组学生选择一个案例进行情况分析后，写出报告或小结。教师评阅后，根据所交材料与交流中的表现进行评估打分 2. 通过到企业实地参观，看实际业务的流程，进行实际业务操作，要求学生写出对分批法的理解感受和体会，并据此打分

任务 11.3 逐步分项结转分步法的应用

11.3.1 相关知识

1. 设置成本计算单

采用逐步分项结转分步法时，应按产品所经过的生产步骤及各步骤的半成品（最后步骤是产成品）设置生产成本明细账，也称为产品成本计算单，具体格式，如表 11-7 所示。

2. 各步骤直接费用及间接费用的归集和分配

各步骤（车间）所发生的材料费、人工费等直接费用可以直接计入各步骤（车间）产品成本明细账中相应的成本项目；所发生的间接费用应先计入各车间“制造费用”明细账，月末再分配转入各步骤（车间）产品成本明细账中“制造费用”成本项目。

3. 将半成品成本转入下一步骤

在逐步分项结转分步法下，各步骤所耗上一步骤半成品的成本，是按照半成品的成本项目分别计入本步骤产品成本明细账中相同的成本项目。

半成品分项结转，可以按照半成品的实际单位成本结转；也可以按照计划单位成本结转，然后按成本项目分项调整成本差异。后者的计算工作量较大，实际工作中，一般采用按实际成本分项结转的方法。

小提示

采用逐步分项结转分步法，如果半成品通过仓库收发核算，相应的“自制半成品成本明细账”也要按照成本项目设置并登记。

4. 将各步骤生产费用在完工产品与在产品之间进行分配

月末应将各步骤归集的生产费用累计数在本步骤完工半成品（最后步骤为产成品）与本步骤未完工的在产品之间进行分配。分配方法可以采用约当产量法、定额比例法和定额成本法等。

11.3.2 实际操作

学中做

腾达公司分两个步骤生产甲产品，第一步骤本月投产 2 000 件，完工 A 半成品 1 800 件，直接转入下一步骤继续加工，经过第二步骤生产完工入库产成品 1 500 件，在产品 300 件。两个步骤期末在产品加工程度均为 50%，原材料是生产开始时一次投入，该企业采用逐步分项结转分步法计算甲产品成本。所发生的生产费用如表 11-1 所示。

【解析】

根据上述资料登记产品成本明细账，如表 11-7 和表 11-8 所示。

表 11-7　第一步骤产品成本明细账

产品名称：A 半成品

摘　　要	直接材料	直接人工	制造费用	成本合计
本月生产费用	470 000	19 000	9 500	498 500

续表

摘　　要	直接材料	直接人工	制造费用	成本合计
完工半成品数量	1 800	1 800	1 800	
本步骤在产品约当产量	200	100	100	
约当总产量	2 000	1 900	1 900	
分配率	235	10	5	
结转完工半成品成本	423 000	18 000	9 000	450 000
月末在产品成本	47 000	1 000	500	48 500

在表 11-7 中，相关数据计算如下：

直接材料费分配率=470 000÷（1 800+200）=235

完工半成品就负担的材料费=235×1 800=423 000（元）

月末在产品应负担的材料费=235×200=47 000（元）

直接人工费分配率=19 000÷（1 800+200×50%）=10

完工半成品就负担的人工费=10×1 800=18 000（元）

月末在产品应负担的人工费=10×100=1 000（元）

制造费用分配率=9 500÷（1 800+200×50%）=5

完工半成品就负担的制造费用=5×1 800=9 000（元）

月末在产品应负担的制造费用=5×100=5 000（元）

表 11-8　第二步骤产品成本明细账

产品名称：甲产成品

摘　　要	直接材料	直接人工	制造费用	成本合计
本月发生的生产费用		66 000	41 250	107 250
上步骤转入的半成品成本	423 000	18 000	9 000	450 000
生产费用合计	423 000	84 000	50 250	557 250
完工产成品数量	1 500	1 500	1 500	
本步骤在产品约当产量	300	150	150	
约当总产量	1 800	1650	1 650	
分配率	235	50.91	30.45	
结转完工产成品成本	352 500	76 365	45 675	474 540
月末在产品成本	70 500	7 635	4 575	82 710

在表 11-8 中，相关数据计算如下：

直接材料费分配率=423 000÷（1 500+300）=235

完工半成品就负担的材料费=235×1 500=352 500（元）

月末在产品应负担的材料费=235×300=70 500（元）

直接人工费分配率=84 000÷（1 500+300×50%）=50.91

完工半成品就负担的人工费用=50.91×1 500=76 365（元）

月末在产品应负担的人工费用=84 000−76 365=7 635（元）

制造费用分配率=50 250÷（1 500+300×50%）=30.45

完工半成品就负担的制造费用=30.45×1 500=45 675（元）

月末在产品应负担的制造费用=50 250−45 675=4 575（元）

任务 11.4　平行结转分步法的核算

11.4.1　相关知识

1. 设置成本计算单

采用平行结转分步法时，应按产成品所经过的生产步骤设置生产成本明细账，具体格式（表 11-13）。

2. 各步骤直接费用及间接费用的归集和分配

各生产步骤只归集本步骤所发生的生产费用，不计算各步骤所耗上一步骤的半成品成本；各步骤（车间）所发生的材料费、人工费等直接费用可以直接计入各步骤（车间）产品成本明细账中相应的成本项目；所发生的间接费用应先计入各车间“制造费用”明细账，月末再分配转入各步骤（车间）产品成本明细账中“制造费用”成本项目。

3. 计算各步骤应转入完工产品成本的份额

各步骤应计入产成品成本的“份额”，一般按下列公式计算：

某步骤计入产成品成本份额=产成品数量×单位产成品耗用该步骤半成品数量×该步骤半成品单位成本

小提示

某步骤计入产成品成本的份额要区分不同的成本项目分别计算，所以在实际计算“该步骤半成品单位成本”时，也要区分成本项目分别计算费用的分配率（即单位成本）。

4. 将各步骤生产费用在完工产品与在产品之间进行分配

月末应将各步骤归集的生产费用累计数在最终完工产成品与本步骤广义在产品之间进行分配。分配方法可以采用约当产量法和定额比例法等。在实际工作中比较常用的是约法产量法，其具体的计算步骤如下：

某步骤某项费用分配率=（该步骤该项费用期初余额+该步骤该项费用本月发生额）/（产成品数量+该步骤广义在产品约当产量）

某步骤广义在产品约当产量=本步骤期末在产品数量×本步骤在产品的完工程度+本步骤已加工完成转入以后各步骤继续加工的半成品数量

小提示

由于企业原材料与加工费的投入方式不同，因此，某步骤广义在产品的约当产量应区分原材料费用和加工费用分别计算。

某步骤某项费用应计入产成品成本的份额=产成品数量×单位产成品耗用该步骤半成品数量×该步骤该项费用分配率

某步骤某项费用期末在产品成本=该步骤该项费用期初余额+该步骤该项费用本月发生额-该步骤该项费用应计入产成品成本的份额

5. 计算完工产品成本

采用平行结转分步法，将各生产步骤应计入相同产成品成本的份额汇总即可求得产成品总成本，产成品总成本除以产成品数量，可以计算出产成品单位成本。

完工产成品总成本=Σ（某步骤材料费用计入产成品成本的份额+某步骤人工费用计入产成品成本的份额+某步骤制造费用计入产成品成本的份额）

企业应根据计算的结果汇总编制《产品成本计算汇总表》，具体格式如表 11-9 所示。

表 11-9　产品成本计算汇总表

产品名称：　　　　　　　　　　　　　　　　　　　　　　　　　　产量：

项　目	直接材料	直接人工	制造费用	合计
第一车间（步骤）计入产成品成本份额				
第二车间（步骤）计入产成品成本份额				
……				
本月完工产品总成本				
本月完工产品单位成本				

11.4.2　实际操作

学中做

凌云公司甲产品生产顺序经过三个车间，成本计算采用平行结转分步法，在产品按约当产量计算，原材料在生产开始时一次投入，各车间在产品完工程度均为 50%。有关资料如表 11-10 和表 11-11 所示。

表 11-10　产量资料

项　目	第一车间	第二车间	第三车间
月初在产品	40	60	100
本月投入	386	360	380
本月完工	360	380	400
月末在产品	66	40	80

表 11-11　成本资料

成本项目	月初在产品成本			本月生产费用		
	第一车间	第二车间	第三车间	第一车间	第二车间	第三车间
直接材料	3 288	5 824	12 960	30 700		
直接人工	607	420	2 000	3 264	3 500	3 896
制造费用	583	480	2 960	4 394	5 600	5 400
合计	4 478	6 724	17 920	38 358	9 100	9 296

【解析】

根据上述资料登记产品成本明细账及产品成本计算汇总表，如表 11-12～11-15 所示。

表 11-12　第一车间产品成本明细账

产品名称：甲产品

摘　要	直接材料	直接人工	制造费用	成本合计
月初在产品成本	3 288	607	583	4 478
本月生产费用	30 700	3 264	4 394	38 358
生产费用累计	33 988	3 871	4 977	42 836
最终产成品数量	400	400	400	
广义在产品约当产量	186	153	153	
约当总产量	586	553	553	
费用分配率	58	7	9	
结转计入产成品成本的份额	23 200	2 800	3 600	29 600
月末在产品成本	10 788	1 071	1 377	13 236

在表 11-12 中，相关数据计算如下：

广义在产品材料费约当产量=66+40+80=186（件）

广义在产品加工费约当产量=66×50%+40+80=153（件）

直接材料费分配率=（3 288+30 700）÷（400+186）=58

第一车间计入产成品成本的材料费用=400×58=23 200（元）

月末在产品应负担的材料费=3 288+30 700−23 200=10 788（元）

直接人工费分配率=（607+3 264）÷（400+153）=7

第一车间计入产成品成本人工费份额=7×400=2 800 元）

月末在产品应负担的人工费=607+3 264−2 800=1 071（元）

制造费用分配率=（583+4 394）÷（400+153）=9

第一车间计入产成品成本的制造费用份额=9×400=3 600（元）

月末在产品应负担制造费用=583+4 394−3 600=1 377（元）

表 11-13　第二车间产品成本明细账

产品名称：甲产品

摘　要	直接材料	直接人工	制造费用	成本合计
月初在产品成本	5 824	420	480	6 724
本月生产费用		3 500	5 600	9 100
生产费用累计	5 824	3 920	6 080	15 824
最终产成品数量	400	400	400	
广义在产品约当产量	120	100	100	

续表

摘　要	直接材料	直接人工	制造费用	成本合计
约当总产量	520	500	500	
费用分配率	11.2	7.84	12.16	
结转计入产成品成本的份额	4 480	3 136	4 864	12 480
月末在产品成本	1 344	784	1 216	3 344

在表 11-13 中，相关数据计算如下：

广义在产品材料费约当产量=40+80=120（件）

广义在产品加工费约当产量=40×50%+80=100（件）

直接材料费分配率=5 824÷（400+120）=11.2

第一车间计入产成品成本的材料费用=11.2×400=4 480（元）

月末在产品应负担的材料费=5 824−4 480=1 344（元）

直接人工费分配率=（420+3 500）÷（400+100）=7.84

第二车间计入产成品成本人工费份额=7.84×400=3 136（元）

月末在产品应负担的人工费=420+3 500−3 136=784（元）

制造费用分配率=（480+5 600）÷（400+100）=12.16

第二车间计入产成品成本的制造费用份额=12.16×400=4 864（元）

月末在产品应负担制造费用=480+5 600−4 864=1 216（元）

表 11-14　第三车间产品成本明细账

产品名称：甲产品

摘　要	直接材料	直接人工	制造费用	成本合计
月初在产品成本	12 960	2 000	2 960	17 920
本月生产费用		3 896	5 400	9 296
生产费用累计	12 960	5 896	8 360	27 216
最终产成品数量	400	400	400	
广义在产品约当产量	80	40	40	
约当总产量	480	440	440	
费用分配率	27	13.4	19	
结转计入产成品成本的份额	10 800	5 360	7 600	23 760
月末在产品成本	2 160	536	760	3 456

在表 11-14 中，相关数据计算如下：

广义在产品材料费约当产量=80（件）

广义在产品加工费约当产量=80×50%=40（件）

直接材料费分配率=12 960÷（400+80）=27

第三车间计入产成品成本的材料费用=27×400=10 800（元）

月末在产品应负担的材料费=12 960−10 800=2 160（元）

直接人工费分配率=（2 000+3 896）÷（400+40）=13.4

第三车间计入产成品成本人工费份额=13.4×400=5 360（元）

月末在产品应负担的人工费=2 000+3 896−5 360=536（元）

制造费用分配率=（2 960+5 400）÷（400+40）=19

第三车间计入产成品成本的制造费用份额=19×400=7 600（元）

月末在产品应负担制造费用=2 960+5 400−7 600=760（元）

表 11-15　产品成本计算汇总表

产品名称：甲产品　　　　产量：400 件

项　　目	直接材料	直接人工	制造费用	合　计
第一车间计入产成品成本份额	23 200	2 800	3 600	29 600
第二车间计入产成品成本份	4 480	3 136	4 864	12 480
第二车间计入产成品成本份	10 800	5 360	7 600	23 760
本月完工产品总成本	38 480	11 296	16 064	65 840
本月完工产品单位成本	96.2	28.24	40.16	164.6

11.4.3　职业技能训练

项目 11 任务 11.4 职业技能训练安排，如表 11-16 所示。

表 11-16　项目 11 任务 11.4 职业技能训练安排

技能要求	如何运用平行结转分步法进行核算
技能目标	通过设置并登记产品成本计算单，使学生明确平行结转分步法的计算程序和方法，强化学生的职业技能
技能内容	1．设计 1～2 个相关案例，让学生运用 Excel 编制产品成本计算单，根据案例资料设置和登记产品生产成本明细账，计算出完工产品实际成本 2．给学生发放成本核算业务流程图 3．组织学生去企业参观
技能组织	1．在计算机房进行教学活动，要求每个学生进行 Excel 表格的填制 2．将学生分成几个小组，对选择的一个案例进行分析后，在班级组织一次交流，每组推荐一名成员作汇报
技能考核	1．要求每组学生选择一个案例进行情况分析后，写出报告或小结。教师评阅后，根据所交材料与交流中的表现进行评估打分 2．通过到企业实地参观、查看实际业务的流程，进行实际业务操作，要求学生写出对分批法的理解感受和体会，并据此打分

项目测试题

一、单选题

1．下列各种分步法中，半成品成本不随实物转移而结转的方法是（　　）。

A．平行结转分步法　　B．分项结转法

C．按计划成本综合结转法　　D．按实际成本综合结转法

2．在平行结转分步法下，其完工产品与在产品之间的费用分配，是指（　　）两者之间的费用分配。

A．各步骤完工半成品与月末加工中的在产品

B．产成品与月末各步骤尚未加工完成的在产品和各步骤已完工但尚未最终完成的产品

C．产成品与月末各步骤尚未加工完成的在产品

D．各步骤完工半成品与月末各步骤尚未完工的在产品

3．成本还原的对象是（　　）。

A．产成品　　B．各步骤所耗上步骤半成品的综合成本

C．最后步骤的产成品成本　　D．各步骤半成品成本

4．采用平行结转分步法（　　）。

A．不能全面反映各个生产步骤产品的生产耗费水平

B．能够全面反映各个生产步骤产品的生产耗费水平

C．能够全面地反映第一个生产步骤产品的生产耗费水平

D．能够全面地反映最后一个步骤产品的生产耗费水平

5．成本还原就是从最后一个步骤起，把各步骤所耗上一步骤半成品成本，按照（　　）逐步分解，还原算出按原始成本项目反映的产成品成本。

A．本月所耗半成品成本结构　　B．本月完工产品成本的结构

C．上一步骤所产该种半成品成本的结构　　D．上一步骤月末在产品成本的结构

6．分步法适用于（　　）企业。

A．大量大批多步骤生产　　B．大量大批单步骤生产

C．单件生产　　D．大量生产

7．分步法按照（　　）分类，分为逐步结转分步法和平行结转分步法。

A．是否计算半成品成本　　B．组织形式

C．成本计算方法　　D．产品生产步骤

8．在下列企业中，（　　）必须采用逐步结转分步法。

A．有自制半成品生产的企业

B．有自制半成品交给下一步骤的企业

C．有自制半成品对外销售的企业

D．没有自制半成品生产的企业

9．成本还原应从（　　）生产步骤开始。

A．第一个　　B．最后一个　　C．任意一个　　D．中间一个

10．不计算半成品成本的分步法是（　　）分步法。

A．综合结转　　B．逐步结转　　C．分项结转　　D．平行结转

二、多选题

1．按计划成本综合结转半成品成本的优点包括（　　）。

A．可以简化和加速半成品核算和产成品成本计算工作

B．便于各步骤进行成本的考核分析

C．便于从整个企业角度进行成本的考核和分析

D．便于考核产品成本的构成和水平

2．采用分步法，计算各步骤半成品成本包括（　　）。

A．成本计算的需要

B．成本控制的需要

C．对外销售的需要

D．全面考核和分析成本计划完成情况的需要

3．采用平行结转分步法，各生产步骤的期末在产品包括（　　）。

A．本步骤正在加工的在制品

B．上步骤正在加工的在制品

C．已转入下一步骤的尚未最终完工的自制半成品

D．已转入下一步骤的自制半成品

4．广义的在产品是指（　　）。

A．尚在本步骤加工中的在产品

B．转入各半成品库的半成品

C．已从半成品库转到以后各步骤进一步加工、尚未最后制成的半成品

D．全部加工中的在产品和半成品

5．平行结转分步法的缺点包括（　　）。

A．各步骤不能同时计算产品成本　　B．不需要进行成本还原

C．不能为实物管理和资金管理提供资料　D．不能提供各步骤的半成品成本资料

6．逐步结转分步法中，综合结转方式的特征包括（　　）。

A．能够反映所耗上一步骤半成品的成本水平

B．能够反映所耗上一步骤半成品的成本构成

C．能够反映本步骤加工费用水平

D．需要进行成本还原

三、判断题

1．分步法适用于大量大批多步骤生产企业。（　　）

2．分项结转是不计算半成品成本的分步法。（　　）

3．分步法的成本核算对象是产品品种及其所经生产步骤。（　　）

4．采用逐步结转分步法，各生产步骤半成品成本结转与其实物转移不一致。（　　）

5．综合结转是将上一步骤转入下一步骤的半成品成本，不分成本项目，全部计入下一步骤产品成本计算单中的“直接材料”项目或“自制半成品”项目。（　　）

四、简答题

1．综合逐步结转法有何优缺点？

2．分步法包括哪些特点？

3．什么是成本还原？

五、项目实训题

（一）项目实训目的

掌握分步法账务处理程序。

（二）项目实训资料及要求

实训资料：新华公司 20××年 8 月生产甲产品，经过三道工序制造完成。第三步骤单位在产品和产品耗用第二步骤半成品一件，第二步骤单位在产品和半成品耗用第一步骤半成

品一件。原材料在第一步骤一次投入，按约当产量比例法分配生产费用。本月产量记录和成本费用资料如表 11-17 和表 11-18 所示。

表 11-17　产量资料

摘　　要	一步骤（件）	二步骤（件）	三步骤（件）	产成品（件）
月初在产品	8	15	10	
本月投入或上步转入	57	53	34	
本月完工	53	40	25	25
月末在产品	12	28	19	
在产品完工程度	50%	50%	50%	

表 11-18　成本费用资料

项　　目	步　　骤	直接材料	直接人工	制造费用	合　　计
月初在产品成本	一步骤	37 000	8 200	5 300	50 500
	二步骤		4 100	6 800	10 900
	三步骤		5 300	4 700	10 000
本月发生费用	一步骤	450 000	92 000	82 000	624 000
	二步骤		31 000	45 000	76 000
	三步骤		18 000	8 400	26 400

实训要求：根据上述资料，编制三个步骤甲产品成本计算单，如表 11-19～表 11-21 所示。

表 11-19　产品成本计算单

生产步骤：第一步骤　　　　　20××年 8 月　　　　　完工产量：25 件

成本项目	直接材料	直接人工	制造费用	合　　计
月初在产品成本				
本月生产费用				
生产费用合计				
完工产品数量				
以后各步骤期末在产品数量				
本步骤期末在产品数量				
投料率/完工程度				
月末在产品约当量				
约当总产量				
费用分配率				
计入完工产品成本份额				
月末在产品成本				

表 11-20　产品成本计算单

生产步骤：第二步骤　　　　　20××年 8 月　　　　　完工产量：15 件

成本项目	直接材料	直接人工	制造费用	合　　计
月初在产品成本				
本月生产费用				
生产费用合计				
完工产品数量				

续表

成本项目	直接材料	直接人工	制造费用	合　计
以后各步骤期末在产品数量				
本步骤期末在产品数量				
投料率/完工程度				
月末在产品约当量				
约当总产量				
费用分配率				
计入完工产品成本份额				
月末在产品成本				

表 11-21　产品成本计算单

生产步骤：第三步骤　　20××年 8 月　　完工产量：15 件

成本项目	直接材料	直接人工	制造费用合计
月初在产品成本			
本月生产费用			
完工产品数量			
生产费用合计			
以后各步骤期末在产品数量			
本步骤期末在产品数量			
投料率/完工程度			
月末在产品约当量			
约当总产量			
费用分配率			
月末在产品成本			
计入完工产品份额			
第一步骤转入份额			
第二步骤转入份额			
第三步骤转入份额			
总成本			
单位成本			

项目 12

分类法和定额法

职业行动能力

- 能够开设并登记基本生产成本明细账。
- 学会编制产品材料费用和加工费用系数计算表;
- 学会编制类内各种产成品成本计算表。
- 学会编制各项生产费用定额及脱离定额差异计算表、定额变动差异计算表。

学习任务目标

- 能够概述分类法及定额法的含义和特点。
- 能够说明分类法及定额法的计算程序。
- 能够正确选择分配标准，并能采用一定的方法进行生产费用的分配。
- 熟悉定额法的计算方法。

任务导入

一、案例资料

鸿运公司生产 A1、A2、A3、A4、B1、B2、B3、C1、C2、C3 等品种规格不同的产品，按照产品所耗用的材料和生产工艺可以将 A1、A2、A3、A4 归为 A 类，将 B1、B2、B3 归为 B 类，将 C1、C2、C3 归为 C 类。企业采用品种法进行三类产品之间生产费用的分配，计算各类完工产品的成本，然后再采用定额消耗量比例法、定额费用比例法或比较简化的系数法进行类内产品成本的分配，计算出 A1、A2、A3、A4、B1、B2、B3、C1、C2、C3 各种产品的成本。

二、讨论题

1. 根据上面案例想想这是一种什么样的产品成本计算方法？
2. 采用这种方法如何计算产品的成本？

任务 12.1　分类法的应用

12.1.1　相关知识

1. 概念和适用范围

在一些生产产品品种、规格繁多的工业企业，如食品加工企业、制鞋企业、灯具企业。如果按照产品的品种或规格归集生产费用、计算各品种、规格产品的成本，其计算工作量十分繁重。为了简化成本计算工作，对于这样的工业企业，如果其产品可以按一定标准分类，就可以采用分类法。

产品成本计算的分类法，是以产品的类别作为成本核算对象来归集和分配各项生产费用，计算出各类产品的实际成本，再按一定标准在类内各种产品之间进行分配，计算出类内各种产品成本的一种成本计算方法。

分类法适用于产品品种或规格繁多，而且可以按一定要求和标准划分为若干类别的企业或车间。分类法与企业的生产类型没有直接联系，可以在各种类型的生产中应用，只要企业的产品可以按照其性质、用途、生产工艺过程和原材料消耗等方面的特点进行分类，就可以采用分类法。包括同类产品、联产品和副产品等的成本计算。分类法不是一种独立的成本计算方法，必须结合基本方法使用。

同类产品是指用同样的原材料、经过同样的工艺过程生产出来的结构、性能和用途基本相同的不同规格和型号的产品。例如，制鞋厂生产的同一款式不同型号的鞋、灯具厂生产的同一类别不同瓦数的灯具等。

联产品是指企业利用相同的原材料，在同一生产过程中进行加工而同时生产出来的几种使用价值不同，但具有同等地位的主要产品。例如，炼油生产过程中将原油加工提炼，生产出来的汽油、煤油、柴油等，都属于联产品。联产品在联合加工过程中发生的各项生产费用构成联产品的共同成本，也称为联合成本。联合成本的归集和在各种联产品之间的分配，适宜采用分类法。有的联产品在联合加工过程结束后（分离以后）还需继续加工后才能出售。分离后继续加工的费用称为可归属成本，应当作为独立的成本核算对象来归集和计算其成本，不再用分类法。

副产品是指企业在生产主要产品的过程中，附带生产的非主要产品。例如，炼钢过程中产生的炉渣、制皂过程中产生的甘油等，都称为副产品。主副产品之间的成本划分，可以运用分类法，即将主副产品归为一类计算成本，然后将副产品成本按一定方法计价，从总成本中扣除，余额即为主产品成本。

2. 分类法的特点

（1）以产品类别作为成本核算对象归集生产费用

分类法的成本核算对象是产品的类别，成本计算最终要计算出各种产品的成本，以产品类别作为成本核算对象是为了简化成本计算工作。同时，在计算各类产品成本时，还要结合运用品种法、分批法、分步法等成本计算的基本方法。因此，分类法不是成本计算的基本方法，而是辅助方法。采用分类法时，产品成本计算期的确定、生产费用在本月完工产品和月末在产品之间的分配等，都取决于它所依托的成本计算的基本方法。

（2）需要采用一定的分配方法在类内产品之间进行成本分配

分类法下，以产品类别作为成本核算对象，计算的是各类产品成本，所以，还应该将所求出的各类产品的成本选择适当的方法在类内不同规格、型号的产品之间进行分配，计算出各种产品的实际总成本和单位成本。

小提示

分类法与生产类型无直接关系，只是为了简化产品品种、规格繁多的企业的成本计算而采用的一种辅助成本计算方法，因此，可以在各种类型的生产中应用。

3. 分类法的成本计算程序

（1）按产品类别设置生产成本明细账

采用分类法计算成本时，要根据产品结构、所耗原材料、工艺技术过程等不同，将产品划分为若干类别，按照产品的类别设置生产成本明细账。

小提示

进行产品分类时应注意分类的合理性，既不能过少，也不能过多。分类过少，类内产品就过多，会影响计算结果的准确性；分类过多，类内产品就过少，则会加大成本计算的工作量，失去分类法的意义。

（2）按产品类别归集分配生产费用

将本期所发生的原材料费用、工资及福利费用、辅助生产费用、制造费用在各类产品成本之间进行分配，并根据分配的结果登记各类生产成本明细账。

（3）计算各类完工产品与月末在产品成本

将各类生产成本明细账中归集的生产费用采用约当产量法、定额成本法和定额比例法，在各类完工产品与月末在产品之间进行分配，计算出各类完工产品总成本和单位成本。

（4）将各类完工产品成本在类内各种产品之间进行分配

选择适当的分配标准，将各类完工产品的总成本在类内各种产品之间进行分配，计算出类内不同品种、规格、型号的产品总成本和单位成本。

分类法成本计算的一般程序图如图 12-1 所示。

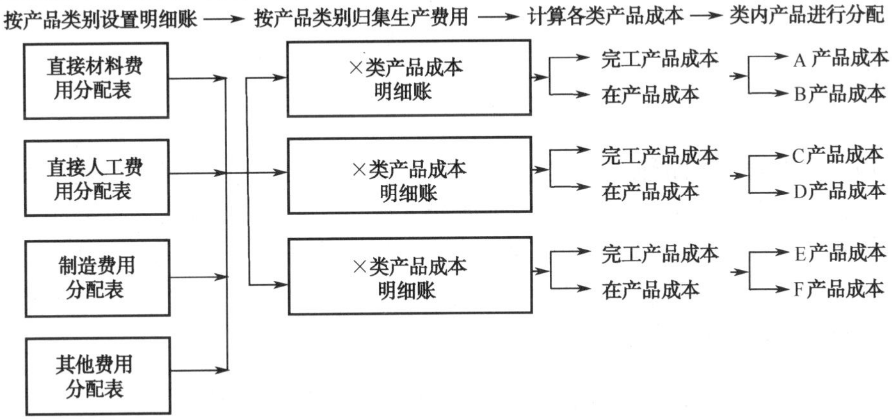

图 12-1　分类法成本计算的一般程序图

4. 分配标准的选择

分类法下，同类产品内不同品种、规格、型号产品之间的成本分配，需要选择合理的标准。定额消耗量、定额费用、售价以及产品的体积、长度和重量等都可以作为分配标准。选择分配标准时，应考虑分配标准是否与产品成本的高低有密切联系，体现产品成本分配中的受益性原则。各成本项目可以选择相同的分配标准，也可以按成本项目的性质分别选择不同的分配标准，以便使分配结果更加合理。例如，直接材料可以按材料定额消耗量比例分配，直接人工和制造费用可以按定额工时比例分配。

5. 分配方法

根据分配标准的不同，类内产品的分配方法有定额消耗量比例分配法、定额费用比例分配法、售价比例分配法等。在实际工作中还有一种比较常用的简化分配方法，即系数分配法，就是将分配标准折合成相对固定的系数，按系数分配类内各种产品成本的方法，也称为标准产量法。

采用系数分配法时，首先，要在类内产品中选择一种产量大、生产稳定、规格适中的产品作为标准产品，将单位标准产品的系数定为“1”；其次，将类内其他各种产品的单位标准额（如消耗定额、销售单价等）与标准产品单位标准额相比，分别求出其他各种产品与标准产品的比率，即系数；再次，根据类内各种产品的实际产量与系数相乘，求出总系数，将总系数作为类内产品分配的标准，计算出类内各种产品的总成本和单位成本。

计算公式如下：

类内某产品的系数=该产品的分配标准额/标准产品的分配标准额

某产品总系数（标准产量）=该产品的实际产量×该产品的系数

某类产品某项费用分配率=该类完工产品该项费用总额/该类各种产品总系数之和

某种产品应负担的某项费用=该种产品总系数×该类产品该项费用分配率

12.1.2 实际操作

学中做

白云山工厂大量生产品种、规格繁多的产品，其中甲、乙、丙三种产品耗用原材料和生产工艺过程比较接近，因而可以归为一类（A 类）产品，采用分类法计算产品成本。该类产品月末在产品按定额成本计算，类内各种产品成本按系数分配法进行分配，其中，直接材料费用按产品的材料消耗定额计算系数；人工费用和制造费用按产品的工时消耗定额计算系数。20××年 8 月份有关资料如表 12-1 和表 12-2 所示。

表 12-1　A 类产品的月初、月末及本月生产费用情况

项　目	直接材料	直接人工	制造费用	合　计
月初在产品定额成本	6 600	5 800	3 200	15 600
本月生产费用	148 460	25 024	67 990	241 474
月末在产品定额成本	9 200	6 200	4 500	19 900

表 12-2　A 类各种产品产量和消耗定额

产品名称	产　量	材料消耗定额/千克	工时消耗定额/小时
甲产品	3 600	12	2.6
乙产品	4 800	8	2
丙产品	1 200	6.8	1.3

根据上述资料计算甲、乙、丙三种产品的总成本和单位成本。

【解析】

1. 计算 A 类完工产品与月末在产品成本

计算 A 类完工产品与月末在产品成本，如表 12-3 所示。

表 12-3　产品生产成本明细账

产品名称：A 类

项　目	直接材料	直接人工	制造费用	合　计
月初在产品定额成本	6 600	5 800	3 200	15 600
本月生产费用	148 460	25 024	67 990	241 474

续表

项　　目	直接材料	直接人工	制造费用	合　　计
生产费用合计	155 060	30 824	71 190	257 074
完工产品成本	145 860	24 624	66 690	237 174
月末在产品定额成本	9 200	6 200	4 500	19 900

2. 计算类内各种产品成本

（1）确定标准产品。

A 类产品中乙产品产量大，所以选择乙产品为 A 类产品中的标准产品。

（2）确定类内各种产品的系数，如表 12-4 所示。

表 12-4　A 类内产品系数计算表

产品名称	材料消耗定额	系　　数	工时消耗定额	系　　数
甲产品	12	1.5	2.6	1.3
乙产品	8	1	2	1
丙产品	6.8	0.85	1.3	0.65

（3）计算类内各种产品总系数，如表 12-5 所示。

表 12-5　A 类各种产品总系数计算表

产品名称	产品产量	材　　料		工　　时	
		系数	总系数	系数	总系数
甲产品	3 600	1.5	5 400	1.3	4 680
乙产品	4 800	1	4 800	1	4 800
丙产品	1 200	0.85	1 020	0.65	780
合计			11 220		10 260

（4）计算类内各种产品的总成本与单位成本，如表 12-6 所示。

表 12-6　A 类各种产品成本计算表

项目	材料总系数	工时总系数	直接材料	直接人工	制造费用	总成本	单位成本
分配率			13	2.4	6.5		
甲产品	5 400	4 680	70 200	11 232	30 420	111 852	31.07
乙产品	4 800	4 800	62 400	11 520	31 200	105 120	21.9
丙产品	1 020	780	13 260	1 872	5 070	20 202	16.84
合计	11 220	10 260	145 860	24 624	66 690	237 174	

在表 12-6 中，相关数据计算如下：

直接材料费用分配率=145 860÷11 220=13

甲产品应负担的材料费用=13×5 400–70 200（元）

乙产品应负担的材料费用=13×4 800=62 400（元）

丙产品应负担的材料费用=13×1 020=13 260（元）

直接人工费用分配率=24 624÷10 260=2.4

甲产品应负担的材料费用=2.4×4 680=11 232（元）

乙产品应负担的材料费用=2.4×4 800=11 520（元）

丙产品应负担的材料费用=2.4×780=1 872（元）
制造费用分配率=66 690÷10 260=6.5
甲产品应负担的材料费用=6.5×4 680=30 420（元）
乙产品应负担的材料费用=6.5×4 800=31 200（元）
丙产品应负担的材料费用=6.5×780=5 070（元）
（5）根据产品成本计算表和完工产品入库单，编制产品入库分录：

借：库存商品——甲产品	111 852	
库存商品——乙产品	105 120	
库存商品——丙产品	20 202	
贷：生产成本——基本生产成本——A 类产品		237 174

任务 12.2 定额法的应用

12.2.1 相关知识

1. 定额法的概念和适用范围

产品成本计算的定额法，是以产品的定额成本为基础，加、减脱离定额差异、材料成本差异和定额变动差异，来计算产品实际成本的一种方法。

采用定额法计算产品成本时，其核算的基本原理包括产品的实际成本是由产品的定额成本、脱离定额的差异、材料成本差异和定额变动差异 4 个因素。

计算公式如下：

产品实际成本=定额成本±脱离定额差异±材料成本差异±定额变动差异

小提示

定额法是为了加强定额管理，进行成本控制而采用的一种成本计算与成本管理相结合的方法。它克服了在前述品种法、分批法、分步法和分类法等计算方法，在成本管理方面存在的缺点，即只能进行事后计算，不能及时地反映和监督生产费用和产品成本脱离定额的差异及其原因；只能说明过去，不能加强成本管理的缺陷。

定额法不是为了解决产品成本计算的对象问题而产生的，它与产品的生产类型没有直接联系，不论哪一种类型的生产，都可以采用定额成本法核算生产费用，计算产品成本。正因为如此，定额法不能单独应用，而必须与品种法、分批法和分步法三种基本方法结合起来应用。

采用定额成本法必须具备以下两项条件：一是企业的定额管理制度比较健全，定额管理工作的基础比较好；二是产品的生产已经定型，各项消耗定额比较准确、稳定。

2. 定额法的特点

（1）事前制定产品的消耗定额、费用定额和定额成本作为降低成本的目标。

（2）在生产费用发生的当时，就将符合定额的费用和发生的差异分别核算，以加强成本差异的日常核算、分析和控制。

（3）月末，在定额成本的基础上，加、减各种成本差异，计算产品的实际成本，并为成本的定期考核和分析提供数据。

3. 定额法的成本计算程序

（1）制定定额成本

采用定额法，必须先制定企业的各项消耗定额（材料消耗定额、工时定额）及费用定额，然后根据现行的各项消耗定额、费用定额及其他相关资料制定单位产品的定额成本。定额成本制定后，要编制出各种产品的定额成本表。

小提示

定额成本设置的成本项目和采用的计算方法，应当与实际成本的成本项目和计算方法一致。

制定定额成本依据的现行定额，是指企业从月初起施行的定额。在有定额变动的月份，还应计算月初在产品定额变动差异，用以调整月初在产品的定额成本。

定额变动差异，是指由于修订消耗定额或生产耗费的计划价格而产生的新旧定额之间的差额。当现行的消耗定额或计划价格修订之后，定额成本也应随之及时修订。定额成本一般在月初、季初或年初定期进行修订，当月投产的产品应按新定额计算定额成本和脱离定额的差异，但月初在产品的定额成本是由上月末转来的，它仍然是按照旧定额计算反映的。为了将月初在产品定额成本和本月投入产品定额成本都统一以新定额为基础，必须按新定额对月初在产品的定额成本进行调整，计算月初在产品由于本身变动而产生的定额变动差异。

小提示

定额变动差异是定额本身变动的结果，与生产费用的节约或浪费无关。

（2）脱离定额差异的计算

定额法下，企业在核算生产费用时，应当将实际生产费用按符合定额的费用和脱离定额的差异分别核算，并在有关的费用分配表和明细账中分别予以登记。

（3）材料成本差异的计算

采用定额法计算产品成本的企业，原材料的定额费用和脱离定额差异都按原材料的计划成本计算。这样，在月末计算产品的实际成本时，还必须将原材料的计划成本调整为实际成本，即应计算和分配本月消耗的原材料应负担的材料成本差异。

（4）在本月完工产品和月末在产品之间分配各项差异

月末，企业应将月初结转和本月发生的各项差异，例如，生产费用脱离定额差异、材料成本差异和定额变动差异分别汇总，按照本月完工产品与月末在产品的定额成本进行分配。

（5）计算本月完工产品总成本和单位成本

根据企业制定的现行定额及完工产品的数量计算完工产品的定额成本，并在此基础上，加上或减去各项差异，计算出本月完工产品的实际成本，用实际总成本除以完工产品数量，即为本月完工产品的单位成本。

4. 定额法的计算方法

（1）定额成本的计算

产品的定额成本一般由企业技术、生产、财会等部门共同制定。不同的制造企业由于产品的生产工艺过程不同，产品定额成本的计算程序不尽相同。如果企业产品的零、部件不多，一般先计算零件定额成本，然后再汇总计算部件和产品的定额成本。如果产品的零、部件较多，为了简化成本计算工作，可以不计算各零件的定额成本，而是根据列有各种零件原材料消耗定额、工时定额和工序计划的“零件定额卡”，以及原材料计划单价、计划小时工资率和计划小时制造费用率，计算部件定额成本，然后汇总计算产品的定额成本。《零件定额卡》、《部件定额成本计算表》和《单位产品成本计算表》格式分别如表12-7～表12-9所示。

表 12-7　零件定额卡

零件定额卡

零件编号：　　　　　　　　　　　　年　月　　　　　　　　　　　　零件名称：

材料编号	计量单位	零件材料消耗定额	计划单价
工序	零件工时定额		零件累计工时定额

表 12-8　部件定额成本计算表

部件编号：　　　　　　　　　　　　年　月　　　　　　　　　　　　部件名称：

所用零件编号或名称	所用零件数量	部件材料费用定额							部件工时定额
		××材料			××材料			金额合计	
		消耗定额	计划单价	金额	消耗定额	计划单价	金额		
组装									
合计									

部件定额成本项目					部件定额成本合计
直接材料	直接人工		制造费用		
	小时工资率	定额成本	小时费用率	定额成本	

表 12-9 单位产品定额成本计算表

产品编号： 年 月 产品名称：

<table>
<tr><th rowspan="2">所用部件编号或名称</th><th rowspan="2">所用部件数量</th><th colspan="2">材料费用定额</th><th colspan="3">工时定额</th></tr>
<tr><th>部件定额</th><th>产品定额</th><th>部件定额</th><th colspan="2">产品定额</th></tr>
<tr><td></td><td></td><td></td><td></td><td></td><td colspan="2"></td></tr>
<tr><td></td><td></td><td></td><td></td><td></td><td colspan="2"></td></tr>
<tr><td>其他材料</td><td></td><td></td><td></td><td></td><td colspan="2"></td></tr>
<tr><td>组装</td><td></td><td></td><td></td><td></td><td colspan="2"></td></tr>
<tr><td>合计</td><td></td><td></td><td></td><td></td><td colspan="2"></td></tr>
<tr><td colspan="6">单位产品定额成本项目</td><td rowspan="3">产品定额成本合计</td></tr>
<tr><td rowspan="2">直接材料</td><td colspan="2">直接人工</td><td colspan="3">制造费用</td></tr>
<tr><td>小时工资率</td><td>金额</td><td>小时费用率</td><td colspan="2">金额</td></tr>
<tr><td></td><td></td><td></td><td></td><td colspan="2"></td><td></td></tr>
</table>

在部件定额成本计算表中，部件的材料消耗定额和工时定额，按零件定额卡中所列每一零件的材料消耗定额和累计工时定额，分别乘以部件所用零件的数量计算；部件的材料费用定额按部件的材料消耗定额分别乘以材料的计划单价；部件的直接人工费和制造费用定额按部件的工时定额，分别乘以小时工资率和小时制造费用率计算。

在单位产品定额成本计算表中，产品的材料费用定额和工时定额，按每一部件的材料费用定额和工时定额，分别乘以产品所用部件的数量计算；产品的直接人工费和制造费用定额，按产品的工时定额，分别乘以小时工资率和小时制造费用率计算。

（2）产品成本脱离定额差异的计算

脱离定额的差异，是指实际产量按消耗定额和计划单价计算的定额成本与实际成本的差额，也称定额差异。在生产费用发生时，企业就应该区分符合定额的费用和脱离定额的差异，分别编制定额凭证和差异凭证，并在有关的费用分配表和产品生产成本明细账中予以登记。

① 直接材料费用脱离定额差异的计算

直接材料费用脱离定额的差异，主要指生产过程中由于产品实际耗用材料数量与其定额耗用量之间存在的差异而形成的材料费用脱离定额的差异，也可以称为材料耗用量的差异。在实际工作中，直接材料脱离定额差异的计算方法，一般有限额法、切割法和盘存法三种。

限额法，也称为差异凭证法。在实行限额领料制度的企业，对于限额范围内的用料可以根据《限额领料单》领用，对于经批准后增加产量而追加的超额用料，也可以根据限额领料单领用。超过定额或限额的领用以及代用材料的领用，应填制专设的超额领料单或代用材料领料单等差异凭证领用，也可以用普通领料单代替，但应以不同的颜色或加盖专用戳记加以区别。在差异凭证中，要注明差异的数量、金额及发生差异的原因，并经一定的审批手续，仓库才能据以发料。对于代用材料和利用废料，还应在有关《限额领料单》中注明，并且从原定的限额内扣除。生产任务完成后，若车间内有余料，应编制《退料单》办理退料手续或假退料手续。《限额领料单》中的材料余额及《退料单》中所列的材料数额，则都是材料脱离定额的节约差异。计算公式如下：

材料定额消耗量=投产产品数量×材料消耗定额

材料实际消耗量=本期领料数量+期初余料数量-期末余料数量

用料脱离定额差异=材料实际消耗量-材料定额消耗量

切割法，对于经过切割才能使用的材料（如板材、棒材等），可以采用切割核算法，即通过材料切割核算单，核算用料差异，控制用料。企业可以按切割材料的批别开立材料切割单，材料切割单中应填明切割材料的种类、数量、消耗定额和应切割成的毛坯数量；切割完毕，再填写实际切割成的毛坯数量和材料的实际消耗量。根据实际切割成的毛坯数量和消耗定额，即可计算求得材料定额消耗量，以此与材料实际消耗量相比较，就可确定材料脱离定额的差异。材料切割单如表 12-10 所示。

表 12-10　材料切割单

材料编号或名称：　　　　产品名称：　　　　图纸号：

计量单位：　　　　零件编号或名称：　　　　机床号：

计划单价：　　　　切割人：

切割日期：　　年　月　日　　　　完工日期：　　年　月　日

发料数量	退回余料数量	材料实际消耗量	废料实际回收量

单件消耗定额	单件回收废料定额	应切割成的毛坯数量	实际切割成的毛坯数量	材料定额消耗量	废料定额回收量

材料脱离定额差异		废料脱离定额差异			脱离定额差异原因	责任人
数量	金额	数量	单价	金额	操作工人技术不熟练，增加了边角料，减少了毛坯	

盘存法，对于不能采用切割法的原材料，应按期（工作班、工作日或周、旬等）通过盘存的方法核算用料差异。采用盘存法，首先，根据完工产品数量和在产品盘存数量计算出投产产品数量，再乘以材料消耗定额，计算出材料定额消耗量；其次，根据《限额领料单》、《超额领料单》等领、退料凭证和车间余料的盘存数量，计算材料实际消耗量；然后，将实际消耗量与定额消耗量比较，计算材料脱离定额的差异。盘存法一般适用于原材料在生产开始时一次投入的产品。具体计算公式如下：

本期投产产品数量=本期完工产品的数量+本期在产品的数量-期初在产品的数量

材料脱离定额的差异=（实际材料消耗量-本期投产产品的数量×材料消耗定额）×材料计划单价

为了计算产品的实际成本，企业不论采用哪种方法核算原材料定额消耗量和脱离定额的差异，都应分批或定期地按成本计算对象汇总原材料的核算资料，编制原材料定额费用和脱离定额的差异汇总表，其格式如表 12-11 所示。并据以登记产品成本明细账。

表 12-11　原材料定额费用和脱离定额差异汇总表

产品名称：

投产产量：　　　　20×年×月　　　　单位：元

材料编号	计量单位	计划单价	消耗定额	按计划单价计算定额费用		按计划单价计算实际费用		脱离定额差异	
				定额消耗量	金额	实际消耗量	金额	数量	金额
合计									

② 直接人工脱离定额差异的计算

直接人工费用脱离定额的计算分计件工资和计时工资两种情况，在计件工资制度下，直接人工费用属于直接计入费用，其脱离定额差异的计算与原材料脱离定额的差异计算相类似，对于符合定额的工资应直接计入产量记录中，对于脱离定额的差异应记录在专设的工资补付单等差异凭证中，并应经过一定的审批手续。

在计时工资制度下，直接人工费用属于间接计入费用，其脱离定额的差异不能在平时分产品直接计算，只有在月末确定了实际生产工人工资总额后才能计算。其计算公式如下：

某产品实际人工费用=该产品的实际生产工时×实际小时工资率

某产品定额人工费用=该产品的实际生产工时×计划小时工资率

某产品人工费用脱离定额的差异=某产品实际人工费用−某产品定额人工费用

其中：

计划小时工资率=按计划产量计算的定额人工费用/按计划产量计算的定额生产工时

实际小时工资率=实际生产工人工资总额/实际生产工时总额

无论采用哪种工资制度，都应按成本核算对象编制定额人工费用和脱离定额差异汇总表，如表 12-12 所示。

表 12-12　定额人工费用和脱离定额差异汇总表

产品名称：　　　　　　　　　　　　年　　月　　　　　　　　　　　　投产量：

定额人工费用			实际人工费用			脱离定额差异（元）
定额工时（小时）	计划小时工资率	定额工资（元）	实际工时（小时）	实际小时工资率	实际工资（元）	

③ 制造费用脱离定额差异的计算

制造费用一般属于间接计入费用，应按生产单位（分厂、车间）分别归集，月末分配计入各种产品成本。所以，在日常生产费用核算中不能分产品计算制造费用脱离定额的差异，只能在月末制造费用实际总额确定后，才能与按月制定的制造费用计划数相比较计算脱离定额的差异。制造费用脱离定额差异的计算与计时工资制下的人工费用计算相类似，也应按月编制定额制造费用和脱离定额的差异汇总表，如表 12-13 所示。

表 12-13　定额制造费用和脱离定额差异汇总表

产品名称：　　　　　　　　　　　　年　　月　　　　　　　　　　　　投产量：

定额制造费用			实际制造费用			脱离定额差异（元）
定额工时（小时）	计划小时制造费用率	定额制造费用（元）	实际工时（小时）	实际小时制造费用率	实际制造费用（元）	

（3）材料成本差异的计算

某产品应负担的材料成本差异=（该产品原材料定额成本±原材料脱离定额差异）×材料成本差异率

（4）定额变动差异的计算

月初在产品定额变动差异，可以根据定额发生变动的在产品盘存数量或在产品账面结存数量和修订前后的消耗定额，计算月初在产品消耗定额修订前后的定额消耗量，并确定定额消耗量的差异和差异金额。这种计算一般要按零件、部件和工序进行，工作量较大。为了简化计算工作，也可以根据单位产品定额成变动系数折算月初在产品的定额变动差异。其计算公式如下：

定额变动系数=按新定额计算的单位产品费用/按旧定额计算单位产品费用

月初在产品定额变动差异=按旧定额计算的月初在产品费用×(1−定额变动系数)

小提示

当新的消耗定额降低时，企业计算出的月初在产品定额变动差异，一方面应从月初在产品定额成本中扣除，另一方面应将这项定额变动差异加入到本月产品成本中；当新的消耗定额提高时，则月初在产品的定额成本应加上定额变动差异，而本月产品成本中应扣除此项差异。这样做的结果，既不改变本月产品成本总额（即月初在产品费用与本月生产费用之和），又使月初在产品和本月投产的产品都按新定额计算定额成本。

（5）完工产品与月末在产品定额成本的计算

完工产品定额成本=原材料定额成本+人工费用定额成本+制造费用定额成本

完工产品原材料定额成本=完工产品数量×单位产品原材料定额成本

完工产品直接人工定额成本=完工产品数量×单位产品直接人工定额成本

完工产品制造费用定额成本=完工产品数量×单位产品制造费用定额成本

月末在产品某项费用的定额成本=本月该项费用累计定额成本−完工产品该项费用的定额成本

（6）在完工产品与月末在产品之间分配脱离定额差异

某项费用脱离定额差异分配率=（该项费用月初在产品脱离定额差异额+本月该项费用脱离定额的差异）/（该项费用月初在产品定额成本±月初定额成本调整+本月该项费用的定额成本）

完工产品应负担的脱离定额差异=完工产品某项费用定额成本×某项费用脱离定额差异分配率

在产品应负担的脱离定额差异=（该项费用月初在产品脱离定额差异额+本月该项费用脱离定额的差异）−完工产品应负担的脱离定额差异

小提示

一般情况下，为了简化成本核算工作，材料成本差异和定额变动差异全部由完工产品成本负担，月末在产品只负担脱离定额的差异。

（7）完工产品实际总成本的计算

完工产品实际总成本=原材料实际成本+直接人工实际成本+制造费用实际成本

完工产品原材料实际成本=原材料定额成本±原材料脱离定额差异±材料成本差异±材料定额变动差异

完工产品直接人工实际成本=直接人工定额成本±直接人工脱离定额差异±直接人工定额变动差异

完工产品制造费用实际成本=制造费用定额成本±制造费用脱离定额差异±制造费用定额变动差异

知识延伸阅读

定额成本与计划成本

对于同一个企业来讲，定额成本与计划成本既有相同之处，又有不同之外。

① 企业制定的定额成本和计划成本都是以产品生产费用的消耗定额和计划价格为依据确定的成本控制的目标，二者的制定过程，都是对产品成本进行事前反映和监督，实行事前控制的过程。

② 定额成本是根据企业现行消耗定额制定的，随着生产技术的进步和劳动生产率的提高，各项消耗定额必须不断进行修订，定额成本也必将随着消耗定额的修订在计划年度内发生变动；而计划成本是根据企业计划期内的平均消耗定额制定的，在计划期内，通常是保持不变的；计划成本是企业较长时期的成本控制的目标，而定额成本是企业日常产品成本进行控制和考核的依据。

12.2.2　实际操作

学中做

长白山工厂甲产品的各项定额资料比较健全，为加强成本的定额管理，采用定额法计算产品成本。甲产品的定额变动差异和材料成本差异全部由完工产品成本负担；各项脱离定额差异按定额成本比例，在完工产品与月末在产品之间进行分配。20××年 8 月有关成本计算资料如下：

（1）月初在产品为 20 件，本月投产 500 件，本月完工 450 件，月末在产品 70 件，甲产品生产所用的材料在生产开始时一次投入，本月材料成本差异率为 1%。

（2）本月初修订了材料消耗定额，由原来每件材料费用定额 937.5 元调整为每件 900 元。

（3）月初在产品成本资料如表 12-14 所示。

表 12-14　月初在产品成本资料

项　目	直接材料	直接人工	制造费用	成本合计
定额成本	18 750	7 000	5 000	30 750
脱离定额差异	−140	92	110	

（4）甲产品由多个零、部件构成，其零、部件及单位产品的定额成本如表 12-15～表 12-19 所示。

表 12-15 零件定额卡

零件编号：101　　　　20××年 8 月　　　　零件名称：

材料编号	计量单位	零件材料消耗定额	计划单价
B-1	千克	5	8
B-2	千克	8	10
工序	零件工时定额		零件累计工时定额
1	2		2
2	3		5
3	5		10

表 12-16 零件定额卡

零件编号：102　　　　20××年 8 月　　　　零件名称：

材料编号	计量单位	零件材料消耗定额	计划单价
B-1	千克	6	8
B-2	千克	7	10
工序	零件工时定额		零件累计工时定额
1	7		7
2	8		15

表 12-17 部件定额成本计算表

部件编号：201　　　　20××年 8 月　　　　部件名称：

所用零件编号或名称	所用零件数量	部件材料费用定额							部件工时定额
		B-1 材料			B-2 材料			金额合计	
		消耗定额	计划单价	金额	消耗定额	计划单价	金额		
101	2	10	8	80	16	10	160	240	20
102	1	6	8	48	7	10	70	118	15
组装									15
合计		16	8	128	23	10	230	358	50

部件定额成本项目					部件定额成本合计
直接材料	直接人工		制造费用		
	小时工资率	定额成本	小时费用率	定额成本	
358	3	150	2	100	608

表 12-18 部件定额成本计算表

部件编号：202　　　　20××年 8 月　　　　部件名称：

所用零件编号或名称	所用零件数量	部件材料费用定额							部件工时定额
		B-1 材料			B-2 材料			金额合计	
		消耗定额	计划单价	金额	消耗定额	计划单价	金额		
101	1	5	8	40	8	10	80	120	10
102	1	6	8	48	7	10	70	118	15
组装									15
合计		11	8	88	15	10	150	238	40

部件定额成本项目					部件定额成本合计
直接材料	直接人工		制造费用		
	小时工资率	定额成本	小时费用率	定额成本	
238	3	120	2	80	438

表 12-19 单位产品定额成本计算表

产品编号：300 20××年 8 月 产品名称：甲产品

<table>
<tr><td rowspan="2">所用部件编号或名称</td><td rowspan="2">所用部件数量</td><td colspan="2">材料费用定额</td><td colspan="3">工时定额</td></tr>
<tr><td>部件定额</td><td>产品定额</td><td colspan="2">部件定额</td><td>产品定额</td></tr>
<tr><td>201</td><td>1</td><td>358</td><td>358</td><td colspan="2">50</td><td>50</td></tr>
<tr><td>202</td><td>2</td><td>238</td><td>476</td><td colspan="2">40</td><td>80</td></tr>
<tr><td>其他材料</td><td></td><td></td><td>66</td><td colspan="2"></td><td></td></tr>
<tr><td>组装</td><td></td><td></td><td></td><td colspan="2"></td><td>20</td></tr>
<tr><td>合计</td><td></td><td></td><td>900</td><td colspan="2"></td><td>150</td></tr>
<tr><td colspan="6">单位产品定额成本项目</td><td rowspan="3">单位产品定额成本合计</td></tr>
<tr><td rowspan="2">直接材料</td><td colspan="2">直接人工</td><td colspan="3">制造费用</td></tr>
<tr><td>小时工资率</td><td>定额成本</td><td>小时费用率</td><td colspan="2">定额成本</td></tr>
<tr><td>900</td><td>3</td><td>450</td><td>2</td><td colspan="2">300</td><td>1 650</td></tr>
</table>

（5）甲产品 B-1 材料的消耗定额为 38 千克，计划单价 8 元，B-2 材料的消耗定额为 53 千克，计划单价 10 元，甲产品实际消耗 B-1 材料和 B-2 材料分别为 19200 千克和 26 000 千克，其他材料定额费用为 33 000，实际费用为 34 200 元。

（6）本月投产甲产品实际生产工时为 73 000 小时，计划小时工资率为 3 元，计划小时制造费用率为 2 元，实际生产工人工资为 226 300 元，实际制造费用为 153 300 元。

根据上述资料计算产品的定额成本、脱离定额的差异、材料成本差异及定额变动差异，并登记产品生产成本明细账，计算完工产品实际总成本。

【解析】

（1）定额成本的计算。

完工产品材料费用定额成本=900×450=405 000（元）

在产品材料费用定额成本=（18 750−750+450 000）−405 000=63 000（元）

完工产品人工费用定额成本=450×450=202 500（元）

在产品人工费用定额成本=（7 000+225 000）=29 500（元）

完工产品制造费用定额成本=300×450=135 000（元）

在产品制造费用定额成本=（5 000+150 000）−13 500=20 000（元）

（2）脱离定额差异的计算如表 12-20～表 12-22 所示。

表 12-20 原材料定额费用和脱离定额差异汇总表

产品名称：甲产品

投产产量：500 20××年 8 月 单位：元

<table>
<tr><td rowspan="2">材料编号</td><td rowspan="2">计量单位</td><td rowspan="2">计划单价</td><td rowspan="2">消耗定额</td><td colspan="2">按计划单价计算定额费用</td><td colspan="2">按计划单价计算实际费用</td><td colspan="2">脱离定额差异</td></tr>
<tr><td>定额消耗量</td><td>金额</td><td>实际消耗量</td><td>金额</td><td>数量</td><td>金额</td></tr>
<tr><td>B-1</td><td>千克</td><td>8</td><td>38</td><td>19 000</td><td>152 000</td><td>19 200</td><td>153 600</td><td>+200</td><td>+1 600</td></tr>
<tr><td>B-2</td><td>千克</td><td>10</td><td>53</td><td>26 500</td><td>265 000</td><td>26 000</td><td>260 000</td><td>−500</td><td>−5 000</td></tr>
<tr><td>其他材料</td><td></td><td></td><td></td><td></td><td>33 000</td><td></td><td>34 200</td><td></td><td>+1 200</td></tr>
<tr><td>合计</td><td></td><td></td><td></td><td></td><td>450 000</td><td></td><td>447 800</td><td></td><td>−2 200</td></tr>
</table>

表 12-21　定额人工费用和脱离定额差异汇总表

产品名称：甲产品　　　　20××年 8 月　　　　投产量：500 件

定额人工费用			实际人工费用			脱离定额差异（元）
定额工时（小时）	计划小时工资率	定额工资（元）	实际工时（小时）	实际小时工资率	实际工资（元）	
75 000	3	225 000	73 000	3.1	226 300	+1 300

表 12-22　定额制造费用和脱离定额差异汇总表

产品名称：甲产品　　　　20××年 8 月　　　　投产量：500 件

定额制造费用			实际制造费用			脱离定额差异（元）
定额工时（小时）	计划小时制造费用率	定额制造费用（元）	实际工时（小时）	实际小时制造费用率	实际制造费用（元）	
75 000	2	150 000	73 000	2.1	153 300	+3 300

（3）材料成本差异的计算。

甲产品应负担的材料成本差异=（450 000−2 200）×1%=4 478（元）

（4）定额变动差异的计算。

定额变动系数=900÷937.5=0.96

月初在产品定额变动差异=18 750×(1−0.96)=750（元）

（5）在完工产品与月末在产品之间分配脱离定额差异。

①材料费用脱离定额差异分配率=（−140−2 200）/（18 750−750+450 000）=−0.005

完工产品应负担的材料费用脱离定额差异=405 000×（−0.005）=−2 025（元）

在产品应负担的材料费用脱离定额差异=（−140−2 200）−（−2 025）=−315（元）

②人工费用脱离定额差异分配率=（92+1 300）/（7 000+225 000）=0.006

完工产品应负担的人工费用脱离定额差异=202 500×0.006=1 215（元）

在产品应负担的人工费用脱离定额差异=（92+1 300）−1 215=177（元）

③制造费用脱离定额差异分配率=（110+3 300）/（5 000+150 000）=0.022

完工产品应负担的制造费用脱离定额差异=135 000×0.022=2 970（元）

在产品应负担的制造费用脱离定额差异=（110+3 300）−2 970=440（元）

（6）完工产品实际总成本与单位成本计算。

完工产品实际原材料成本=405 000−2 025+4 478+750=408 203（元）

完工产品实际人工费成本=202 500+1 215=203 715（元）

完工产品实际制造费用成本=135 000+2 970=137 970（元）

完工产品总成本=408 203+203 715+137 970=749 888（元）

完工产品单位成本=749 888/450=1 666.42

（7）根据上述计算结果，登记产品成本明细账，如表 12-23 所示。

表 12-23　产品成本明细账

产品名称：甲产品

投产量：500 件　　　　20××年 8 月　　　　完工产量：450 件

成本项目		直接材料	直接人工	制造费用	成本合计
月初在产品成本	定额成本	18 750	7 000	5 000	30 750
	脱离定额差异	−140	92	110	62

续表

成本项目		直接材料	直接人工	制造费用	成本合计
月初在产品定额变动	定额成本调整	−750			−750
	定额变动差异	+750			+750
本月生产费用	定额成本	450 000	225 000	150 000	825 000
	脱离定额差异	−2 200	1 300	3 300	2 400
	材料成本差异	4 478			4 478
生产费用累计	定额成本	468 000	232 000	155 000	855 000
	脱离定额差异	−2 340	1 392	3 410	2 610
	材料成本差异	4 478			4 478
	定额变动差异	+750			+750
差异分配率	脱离定额差异	−0.005	0.006	0.022	
本月完工产品成本	定额成本	405 000	202 500	135 000	742 500
	脱离定额差异	−2 025	1 215	2 970	2 160
	材料成本差异	4 478			4 478
	定额变动差异	+750			+750
	实际成本	408 203	203 715	137 970	749 888
月末在产品成本	定额成本	63 000	29 500	20 000	112 500
	脱离定额差异	−315	177	440	302

12.2.3　职业技能训练

项目 12 任务 12.2 职业技能训练安排，如表 12-24 所示。

表 12-24　项目 12 任务 12.2 职业技能训练安排

技能要求	如何运用定额法进行核算
技能目标	通过编制单位产品定额计算表、脱离定额差异计算表及登记产品生产成本明细账，使学生明确定额法的计算程序和方法，强化学生的职业技能
技能内容	1．设计 1～2 个相关案例，让学生运用 Excel 编制相关的费用分配表。根据案例资料设置和登记产品生产成本明细账，计算出完工产品实际成本 2．去企业实地参观学习
技能组织	1．在计算机房进行教学活动，要求每个学生进行 Excel 表格的填制 2．将学生分成几个小组，对选择的一个案例进行分析后，在班级组织一次交流，每组推荐一名成员作汇报
技能考核	1．要求每组学生选择一个案例进行情况分析后，写出报告或小结 2．教师评阅后，根据所交材料与交流中的表现进行评估打分

项目测试题

一、单选题

1．分类法适用于（　　）。

A．大量大批单步骤生产　　B．产品品种或产品规格较多的企业

C．单件小批单步骤生产　　D．大量大批多步骤生产

2. 联产品成本计算主要指（　　）。

A. 联产品的分类问题　　B. 联产品可归属成本的分配

C. 联产品分离前费用的归集　　D. 联产品联合成本的分配

3. 定额成本是一种（　　）。

A. 本企业成本控制的目标　　B. 先进企业的平均成本

C. 本企业实际发生的成本　　D. 本企业确定的计划成本

4. 采用定额法计算产品成本，本月完工产品实际成本应以（　　）为基础。

A. 本月完工产品定额成本　　B. 月初在产品定额成本

C. 月末在产品定额成本　　D. 本月投入产品定额成本

5. 采用分类法，应当按照（　　）设置成本明细账。

A. 产品品种　　B. 产品批别　　C. 产品产量　　D. 产品类别

6. 采用分类法计算产品成本的企业，应按（　　）将产品划分比较相近的若干类别。

A. 产品原材料和工艺技术过程　　B. 产品结构

C. 产品性质　　D. 管理要求

7. 采用分类法，应当按照（　　）设置生产成本明细账。

A. 产品品种　　B. 产品类别　　C. 联产品　　D. 副产品

8. 定额成本是一种（　　）。

A. 先进企业的平均成本　　B. 本企业实际发生的成本

C. 本企业成本控制的目标　　D. 本企业确定的计划成本

9. 制定定额成本的依据（　　）。

A. 本企业现行材料消耗定额、工时消耗定额和费用定额

B. 本企业平均材料消耗定额、工时消耗定额和费用定额

C. 本企业实际材料消耗和工时消耗

D. 先进企业定额成本

10. 按计件单价支付的产品生产工人工资等于（　　）。

A. 定额工资　　B. 脱离定额差异

C. 直接人工费用　　D. 定额变动差异

二、多选题

1. 材料脱离定额差异的核算方法包括（　　）。

A. 限额法　　B. 定期盘存法　　C. 整批分割法　　D. 材料差异法

2. 制定定额成本的依据包括（　　）。

A. 现行材料消耗定额　　B. 现行工时消耗定额

C. 现行费用定额　　D. 其他有关资料

3. 联产品成本计算方法包括（　　）。

A. 系数分配法　　B. 实物量分配法

C. 销售收入比例分配法　　D. 定额法

4. 产品成本计算的辅助方法包括（　　）。

A. 分批法　　B. 定额法　　C. 品种法　　D. 分类法

5. 为了简化成本核算工作，（　　）等一般可以全部由本月完工产品成本负担。

A. 材料成本差异　　B. 定额变动差异

C. 定额成本　　D. 脱离定额差异

三、判断题

1. 副产品和主要产品是同一原材料经过同一生产过程生产出来的。（　　）

2. 联合成本是指在联合生产过程中生产联产品所发生的总成本。（　　）

3. 定额变动差异与定额差异经济内容和作用相同。（　　）

4. 制造费用按生产工时分配时，脱离定额差异是受工时差异和每小时分配率差异两个因素影响的。（　　）

5. 分类法的成本计算期有两种形式。（　　）

四、简答题

1. 定额法有哪些优缺点？

2. 分类法有哪些特点？

3. 什么是副产品？

五、项目实训题

（一）项目实训目的

掌握分类法成本计算账务处理程序。

（二）项目实训资料及要求

实训资料：某企业产品品种较多，按结构分为 A、B 两种产品。A 产品包括甲、乙、丙三种产品，乙产品为标准产品，有关资料如表 12-25 与表 12-26 所示。

表 12-25　产品产量及定额资料

A 类产品　　20××年 3 月

产品	本月完工产品产量（台）	原材料费用定额（元/台）	工时定额（小时）
甲产品	400	30	80
乙产品	600	40	90
丙产品	530	34	85

表 12-26　产品成本明细账

A 类产品　　20××年 3 月　　单位：元

2010 年		凭证号	项　目	直接材料	直接人工	制造费用	合　计
月	日						
3	31	略	月初在产品成本	42 750	21 300	47 600	
3	31		本月费用	51 420	19 700	75 000	111 650
3	31		合计	94 170	41 000	122 600	146 120
3	31		完工产品成本	75 100	18 900	83 100	257 770
3	31		月末在产品成本	19 070	22 100	39 500	80 670

实训要求：根据上述资料，采用系数法计算类内各种产品成本，其中原材料费用按定额分配，其他费用按工时定额为分配标准，填写表 12-27 与表 12-28。

表 12-27　总系数表

20××年 3 月

产品	产量（台）	直接材料费用定额	直接材料费用		工时定额（小时）	其他费用系数	
			单位系数	总系数		单位系数	总系数
甲							
乙							
丙							

表 12-28　类内各种产品成本计算表

20××年 3 月　　金额单位：元

产品	产量（台）	分配标准		完工产品总成本				单位成本
		直接材料总系数	其他费用总系数	直接材料	直接人工	制造费用	合计	
甲								
乙								
丙								
合计								

项目13

成本报表的编制与分析

职业行动能力

- ◆ 能够编制产品生产成本报表。
- ◆ 学会产品生产成本报表的编制。
- ◆ 学会主要产品单位成本报表的编制。
- ◆ 学会制造费用及各期间费用报表的编制。

学习任务目标

- ◆ 了解成本报表的概念、种类及作用。
- ◆ 理解成本报表编制的依据和要求。
- ◆ 理解产品生产成本报表的编制方法。

任务导入

一、案例资料

张新在一家生产机床的企业从事成本会计工作，最近参加产品招标会，为了很好地完成任务，他编制企业相关产品的"主要产品单位成本表"，同时将"实际成本"分别与"历史先进水平"、"上年实际"、"本年计划"成本项目做了详细的比较。

二、讨论题

1. 张新在招标会上提供的成本数据全面吗？
2. 张新需要从哪些方面对企业现有的资料进行成本分析？

任务13.1 成本报表的编制

13.1.1 相关知识

1. 成本报表的概念及作用

（1）成本报表的概念

成本报表是根据产品成本和期间费用的日常核算资料以及其他有关资料编制的，用来反映和监督企业一定期间产品成本和期间费用水平及其构成情况的报告文件。通过成本报表，可以反映企业一定时期成本情况、成本升降变动情况、成本计划完成情况，为进行成本考核分析提供资料，为企业管理者进行决策提供有用的成本核算信息。编制成本报表是成本会计工作的一项重要内容。

（2）成本报表的作用

① 通过成本报表提供的资料，企业各级管理部门可以了解各成本项目的变动情况、成本计划的执行情况以及成本降低任务的完成情况等，发现成本管理中存在的问题，以便及时采取相应的改进措施。

② 企业职工可以通过成本报表提供的资料了解个人完成成本计划的情况，并了解整个企业成本计划的执行情况，以利于总结经验，在保证和提高产品质量的前提下，努力做到增产节约，为降低产品成本作出个人的贡献。

③ 通过成本报表，企业上级部门可以了解和监督企业对国家有关方针、政策法规以及企业内部有关规定的执行情况；可以分析、考核企业成本、费用计划执行情况，评价企业成本管理工作质量。

小提示

成本报表属于内部报表，其编制的目的主要是为了满足企业内部经营管理的需要，不对外报送或公开。所以，成本报表的种类、项目、格式和编制方法、编报日期、具体报送对象，并没有统一规定，而由企业自行确定。主管企业的上级机构为了加强对本系统所属企业成本工作的管理与指导，也可以要求企业将其成本报表作为会计报表的附表上报。在这种情况下，企业成本报表的种类、项目、格式和编制方法以及具体报送对象等，也可以由企业上级主管机构会同企业共同制定。根据不同的标准，成本报表有不同的分类。

2. 成本报表的分类

（1）按报表反映的内容分类

① 反映产品成本情况的报表。这类报表有产品生产成本报表、主要产品成本单位成本报表等。此类报表侧重于揭示企业在一定时期为生产一定种类和数量的产品所花费的成本水平及其构成情况，并与计划成本、上年实际成本、历史最高水平成本以及同行业先进水平成本相比。通过比较分析，找出差距，明确薄弱环节，进一步采取有效措施，为挖掘降低产品成本的内部潜力提供有效的数据资料。

② 反映费用支出情况的报表。这类报表有制造费用明细表、管理费用明细表、财务费用明细表和销售费用明细表等。此类报表侧重于揭示企业在一定时期内各种费用支出总额及其构成情况，并与费用预算、上年实际费用进行比较。通过比较分析，了解各种费用支出的合理性，以及变动情况及变动趋势，便于企业和上级部门正确制定费用预算，控制费用支出。

（2）按报表编制的时间分类

成本报表按编制的时间可分为年报、半年报、季报和月报。此类报表主要编制目的是为了反映企业一定时期的成本水平及其构成情况，以满足企业定期考核、分析成本计划完成情况的需要。

3. 成本报表编制的依据和要求

成本报表主要是满足企业内部经营管理者的需要，在报表设置的种类、内容及格式上一般由企业自主决定，因而在编制方法上有其自身特点，不同于一般财务报表。成本报表中的实际成本、费用等指标项目，不仅要根据有关产品报告期的产品成本、费用明细账的实际发生额计算填列，还需要根据报表项目填列有关的计划数或上年实际数，目的是为了加强考核、分析成本、费用计划的执行情况，或与上期对比，了解各项成本、费用指标的变动情况，最终实现加强成本管理，提高经济效益的目的。

成本报表的编制应当符合以下几个方面的要求：

（1）数字真实。成本报表中各项指标数字必须真实可靠。编制成本报表主要以成本账簿记录为依据，不能估算和推算，更不能弄虚作假，伪造数字。成本报表的数字是否真实，很大程度上取决于成本账簿记录是否完整、准确。

（2）内容完整。成本报表的编制种类和内容，必须齐全和完整。编制的成本报表既要反映成本计划完成情况，又要反映费用预算执行情况；既要反映企业经济活动一般性内容，又要反映企业专项内容的。同时成本报表的内容，包括表首项目，正表项目和补充资料，也要全部填列，不应遗漏或少填。

（3）说明清楚。在成本报表上的数字不足以详尽反映企业经济活动变化的具体情况和原因时，需要以文字资料形式对其说明。说明的文字应当简明扼要。

（4）编报及时。成本报表必须按企业规定的期限进行编制。只有这样，相关报表使用者才能及时获得有关成本的会计信息，进而发挥成本报表的作用。

4. 产品生产成本表的编制

小提示

企业根据管理的需要可以编制按可比产品和不可比产品分类反映的产品成本表，一般称为商品产品成本表；也可以编制按成本项目反映的产品生产成本表，一般称为产品生产成本表。本节将这两类报表统一为产品生产成本表。

（1）按产品种类反映产品生产成本报表的编制

概念：

按产品种类反映产品生产成本报表是按产品种类汇总反映工业企业在报告期内生产的全部产品的总成本和单位成本的报表。

作用：

① 有利于分析和考核各种产品和全部产品本月和本年累计的成本计划执行结果，对各种产品和全部产品成本的节约（或超支）情况做出评价。

② 有利于分析和考核各种可比产品和全部可比产品本月和本年累计成本的增减变动趋势。

③ 对于规定有可比产品降低计划的产品，可以分析和考核可比产品成本降低计划的执行情况，促使企业采取措施，不断降低产品成本。

④ 有利于了解各产品成本节约（或超支）数额的大小，为进一步进行产品单位成本分析指明方向。

产品生产成本表（按产品品种反映）的格式，如表13-1所示。

表13-1 产品生产成本表（按产品品种反映）

编制单位:北方工具厂　　20××年12月　　单位：元

产品名称	计量单位	实际产量		单位成本				本月总成本			本年累计总成本		
		本月	本年累计	上年实际平均	本年计划	本月实际	本年累计实际平均	按上年实际平均单位成本	按本年计划单位成本	本月实际	按上年实际平均单位成本计算	按本年计划单位成本计算	本年实际
		(1)	(2)	(3)	(4)	(5)=(9)÷(1)	(6)=(12)÷(2)	(7)=(1)×(3)	(8)=(1)×(4)	(9)	(10)=(2)×(3)	(11)=(2)×(4)	(12)
可比产品合计													
其中 1. 甲产品	件	90	765	600	580								
其中 2. 乙产品	件	105	960	420	400								
不可比产品合计													
丙产品	件	60	630		270								
产品生产成本合计													

补充资料（本年累计实际成本）

① 可比产品成本降低额为________。

② 可比产品成本降低率为________。

③ 按现行价格计算的商品产值 1 698 450 元。

④ 产值成本率为________。

小提示

该表可分为基本报表和补充资料两部分。

基本报表部分横向可以分产量、单位成本、本月总成本和本年累计总成本 4 个专栏，按照产品种类分别反映本月产量、本年累计产量以及上年实际成本、本年计划成本、本月实际成本和本年累计实际成本。纵向按可比产品和不可比产品分别反映其单位成本和总成本。可比产品是指上年度正式生产过，具有上年成本资料，本年度继续生产的产品。对于可比产品，由于需要同上年度实际成本进行比较，所以表中不仅要列示本期的计划成本和实际成本，而且还要列示按上年实际平均单位成本计算的总成本。不可比产品是指上一年度没有正式生产过，或没有上年成本资料的产品。对于不可比产品，因为没有上年的实际成本可以比较，所以只列示计划成本和实际成本。

补充资料部分只填列本年实际数。

可比产品成本降低额=可比产品按上年实际平均单位成本计算的总成本−可比产品本年累计实际总成本

$$\text{可比产品成本降低率}=\frac{\text{可比产品成本降低额}}{\text{可比产品按上年实际平均单位成本计算的总成本}}\times 100\%$$

按现行价格计算的商品产值，根据有关统计资料填列。

$$\text{产值成本率}=\frac{\text{产品生产成本}}{\text{商品产值}}$$

（2）按成本项目反映产品生产成本表的编制

概念：

产品生产成本表（按成本项目反映）是按成本项目汇总反映工业企业在报告期内发生的全部生产费用以及产品生产成本合计数的报表。

作用：

① 可以反映报告期内全部产品生产费用的支出情况和各种费用的构成情况，并据以进行生产费用支出的一般评价。

② 将该表本年累计实际生产费用与本年计划和上年实际生产费用相比较，可以考核和分析年度生产费用计划的执行结果以及本年生产费用比上年的升降情况。

③ 将该表各项产品生产成本合计数与该期的产值、销售收入或利润对比，可以计算成本产值率、成本销售收入率或成本利润率，借以考核和分析经济效益。

④ 将该表本年累计实际产品生产成本与本年计划数和上年实际数相比较，还可以考核和分析年度产品生产总成本计划的执行结果，以及本年产品生产总成本比上年的升降情况，并据以分析影响产品成本升降的各项因素。

产品生产成本表（按成本项目反映）的格式，如表 13-2 所示。

表 13-2　产品生产成本表（按成本项目反映）

编制单位：　　　　20××年 12 月　　　　单位：元

成本项目	上年实际	本年计划	本月实际	本年实际
生产费用				
直接材料				
直接人工				
制造费用				
生产费用合计				
加：在产品、自制半成品期初余额				
减：在产品、自制半成品期末余额				
产品生产成本				

小提示

产品生产成本表（按成本项目反映）从左边纵向一般可以分为生产费用和产品成本两部分。表中生产费用部分应当按照成本项目反映报告期内发生的各项生产费用及其合计数；产品成本部分是在生产费用的基础上，加上在产品和自制半成品的期初余额，减去在产品和自制半成品的期末余额，计算出生产成本的合计数。横向可以分别设上年实际数、本年计划数、本月实际数和本年累计实际数等栏目。

5. 主要产品单位成本报表的编制

（1）主要产品单位成本表的概念和作用

概念：

主要产品单位成本表是反映工业企业在报告期内生产的各种主要产品单位成本构成情况和各项主要技术经济指标情况的报表。该表应按主要产品分别编制，它是对产品成本报表的有关单位成本做进一步补充说明的报表。

作用：

① 可以具体了解各种主要产品单位成本水平和结构，并按成本项目考核各种主要产品单位成本计划情况，分析各项单位成本节约或超支的原因。

② 可以将本月实际单位成本和本年累计实际平均单位成本与上年实际平均单位成本或历史先进水平进行比较，了解成本变动情况，分析主要产品单位成本变化、发展的趋势。

③ 可以考核和分析主要产品的主要技术经济指标的执行情况。如原料、主要材料、燃料和动力等消耗数量变化情况，进而查明主要产品单位成本升降的具体原因。

（2）主要产品单位成本表的结构

主要产品单位成本表可为产量、单位成本和主要技术经济指标三部分。产量部分反映报告期产品本月的计划产量和实际产量，以及本年累计计划产量和实际产量。此外还反映产品的销售单价。该表的单位成本部分按照成本项目分别反映历史先进水平、上年实际平均、本年计划、本月实际和本年累计实际平均的单位成本。该表的技术经济指标部分主要反映原料、主要材料、燃料和动力的消耗数量。该表的格式如表 13-3 所示。

（3）主要产品单位成本表的编制

该表的主要项目填列方法如下：

① 表首部分的产品销售单价应根据产品定价表资料填列；有关计划产量资料应根据年初计划资料填列；本月实际产量应根据产品成本明细账填列，本年累计实际产量应根据上月本表的本年累计实际产量，加本表本月实际产量计算填列。

② 历史先进水平单位成本应根据历史上该种产品成本最低年度本表的实际平均单位成本填列。

③ 上年实际平均单位成本应根据上年度本表实际平均单位成本填列。

④ 本年计划单位成本应根据本年度成本计划资料填列。

⑤ 本月实际单位成本应根据该种产品成本明细账或产品成本汇总表填列。

⑥ 本年累计实际平均单位成本应根据该种产品成本明细账所记年初起至报告期末止完工入库总成本除以本年累计实际产量计算填列。

⑦ 主要技术经济指标应根据业务技术核算资料填列。

表 13-3　主要产品单位成本表

编制单位：××公司　　200×年 12 月　　单位：元

产品名称：甲产品　　本月计划产量：60

产品规格：　　本月实际产量：60

计量单位：件　　本年累计计划产量：800

产品销售单价：160　　本年累计实际产量：700

成本项目	历史先进水平	上年实际平均	本年计划	本月实际	本年累计实际
直接材料	340	348	346	340	342
直接人工	146	150	147	148	146
制造费用	87	89	85	87	90
产品单位成本	573	587	578	575	578
主要经济技术指标	消耗量	消耗量	消耗量	消耗量	消耗量
A 材料（千克）	14	15	14	14.5	15
B 材料（千克）	11.8	16	14	12.2	14

小提示

主要产品单位成本表，可以考核各种主要产品单位成本核算的执行结果。分析各成本项目和消耗定额的变动及其原因，便于同历史先进水平对比，有利于找出差距，挖掘潜力，降低产品成本。由于本表是主要产品成本表的补充，所以，该表按成本项目反映的上年实际平均、本年计划、本月实际和本年累计实际平均的单位产品成本，应与主要产品成本表中相应的单位成本的数字分别相等。

6. 制造费用明细表的编制

制造费用明细表是反映工业企业在一定时期内发生的各项制造费用极其构成情况的成本报表。

制造费用明细表的作用如下。

（1）根据制造费用明细表数据考核费用计划执行情况。

（2）利用制造费用明细表发现费用项目超支或节约的原因。

（3）制造费用明细表为编制计划和预测未来水平提供依据。

小提示

制造费用明细表是按制造费用项目设置的，并分栏反映各费用的本年计划数、上年同期实际数，本月实际数、本年累计实际数。企业根据管理需要，也可以将制造费用按成本性态划分为变动成本和固定成本。

制造费用明细表的具体格式如表 13-4 和表 13-5 所示。

表 13-4　制造费用明细账（按制造费用项目）

编制单位：　　　　20××年 12 月　　　　单位：元

费用项目	本年计划数	上年同期实际数	本月实际数	本年累计实际数
工资				
福利费				
办公费				
折旧费				
水电费				
修理费				
运费				
租赁费				
劳动保护费				
机物料消耗				
合　计				

表 13-5　制造费用明细账（按成本性态）

编制单位：　　　　20××年 12 月　　　　单位：元

费用项目	本年计划数	上年同期实际数	本月实际数	本年累计实际数
变动制造费用				
水电费				
运费				
修理费				
机物料消耗				
小计				
固定制造费用				
工资				

续表

费用项目	本年计划数	上年同期实际数	本月实际数	本年累计实际数
福利费				
折旧费				
办公费				
租赁费				
劳动保护费				
小　计				
合　计				

制造费用明细表的编制方法如下：

（1）“本年计划数”栏的各项数字，根据制造费用预算中的有关项目数据填列。

（2）“上年同期实际数”栏的各项数字，根据上年本表的数据填列。

（3）“本月实际数”栏的各项数字，根据制造费用明细账中的本月发生数填列。

（4）“本年累计实际数”栏的各项数字，填列自年初至编报月末止的累计实际数，根据制造费用明细账的记录计算填列，或根据本月实际数加上上期本表的本年累计实际数填列。

7. 管理费用明细表的编制

管理费用明细表是反映企业管理部门在报告期内为组织和管理企业生产经营活动所发生的各项费用及其构成情况的报表。该表一般可分本年计划数、上年同期实际数、本月实际数和本年累计实际数部分。其格式如表 13-6 所示。

表 13-6　管理费用明细表

编制单位：××公司　　200×年 12 月　　单位：元

项　目	本年计划数	上年同期实际数	本月实际数	本年累计实际数
职工薪酬	（略）	（略）	（略）	58 800
折旧费				20 560
修理费				5 640
办公费				9 100
差旅费				14 500
保险费				18 000
租赁费				17 200
咨询费				2 400
排污费				0
绿化费				8 200
机物料消耗				5 320
无形资产摊销				3 680
长期费用摊销				3 200
研究开发费				15 400
业务招待费				32 600
劳动保护费				4 300
劳动保险费				36 800
税金				2 500
其他				
合　计				258 200

管理费用明细表的填制方法如下：

（1）本年计划数应根据本年度管理费用计划资料填列。

（2）上年同期实际数应根据上年同期本表的本月实际数或本年累计实际数填列。

（3）本月实际数应根据管理费用明细账的本月合计数填列。

（4）本年累计实际数应根据管理费用明细账的本月末的累计数填列。

8. 销售费用明细表的编制

销售费用明细表是反映企业销售部门在报告期内为销售产品所发生的各项费用及其构成情况的报表。该表一般可分本年计划数、上年同期实际数、本月实际数和本年累计实际数部分。其格式如表 13-7 所示。

表 13-7 销售费用明细表

编制单位：××公司　　200×年 12 月　　单位：元

项　目	本年计划数	上年同期实际数	本月实际数	本年累计实际数
职工薪酬	（略）	（略）	（略）	38 400
业务费				69 960
运输费				46 440
装卸费				25 080
包装费				44 040
保险费				11 505
展览费				6 000
广告费				90 000
差旅费				49 440
租赁费				12 000
折旧费				10 755
修理费				2 880
其他				
合　计				406 500

销售费用明细表的填制方法如下：

（1）本年计划数应根据本年度销售费用计划资料填列。

（2）上年同期实际数应根据上年同期本表的本月实际数或本年累计实际数填列。

（3）本月实际数应根据销售费用明细账的本月合计数填列。

（4）本年累计实际数应根据销售费用明细账本月末的累计数填列。

13.1.2 实际操作

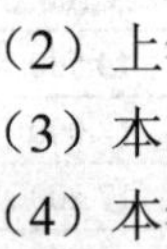

学中做

根据表 13-1 资料编制产品生产成本表，如表 13-8 所示。

【解析】

表 13-8　产品生产成本表（按产品品种反映）

编制单位：北方工具厂　　　　20××年 12 月　　　　单位：元

产品名称	计量单位	实际产量		单位成本				本月总成本			本年累计总成本		
		本月	本年累计	上年实际平均	本年计划	本月实际	本年累计实际平均	按上年实际平均单位成本	按本年计划单位成本	本月实际	按上年实际平均单位成本计算	按本年计划单位成本计算	本年实际
		(1)	(2)	(3)	(4)	(5)=(9)÷(1)	(6)=(12)÷(2)	(7)=(1)×(3)	(8)=(1)×(4)	(9)	(10)=(2)×(3)	(11)=(2)×(4)	(12)
可比产品合计								98 100	94 200	93 420	862 200	827 700	838 665
1．甲产品	件	90	765	600	580	555	573	54 000	52 200	49 950	459 000	443 700	438 345
2．乙产品	件	105	960	420	400	414	417	44 100	42 000	43 470	403 200	384 000	400 320
不可比产品合计									16 200	16 560		170 100	171 990
丙产品	件	60	630		270	276	273		16 200	16 560		170 100	171 990
产品生产成本合计									110 400	109 980		997 800	1 010 655

补充资料（本年累计实际成本）：

（1）可比产品实际成本降低额为 23 535（862 200−838 665）

（2）可比产品实际成本降低率为 2.73%（23 535/862 200）

（3）按现行价格计算的商品产值 1 698 450 元。

（4）产值成本率为 59.5 元/百元（1 010 655/1 698 450）

13.1.3　职业技能训练

项目 13 任务 13.1 职业技能训练安排，如表 13-9 所示。

表 13-9　项目 13 任务 13.1 职业技能训练安排

技能要求	如何进行成本报表的编制
技能目标	正确编制产品生产成本表；掌握主要产品单位成本表的编制；了解制造费用及各期间费用报表的编制方法
技能内容	1．根据案例资料让学生编制产品生产成本表、产品生产成本表、主要产品单位成本表 2．让学生运用 Excel 编制各种成本报表
技能组织	1．要求每个学生在计算机上利用 Excel 表格填制成本报表 2．对选择的案例进行分析，推荐几名学生作汇报

任务13.2 成本报表的分析

13.2.1 相关知识

1. 成本分析方法的概念及主要方法

(1) 成本分析方法的概念

成本分析是指企业利用成本核算资料及其他有关资料，对企业成本费用水平及其构成情况进行分析研究，查明影响成本费用升降的具体原因，寻找降低成本、节约费用的潜力和途径的一项管理活动。

成本分析的内容应包括事前成本预测、决策分析，事中成本控制分析和事后成本总结分析。事前成本分析和事中控制分析均属于成本预测、成本决策、成本计划和成本控制的内容，本节主要介绍成本的事后总结分析。

事后成本分析是对企业生产经营过程中发生的实际成本、经营管理费用，与计划成本和各项费用预算进行比较分析，查明产生差异的原因，提出降低成本、节约费用的措施。事后成本分析的主要内容包括：全部产品成本计划完成情况分析，可比产品成本降低任务完成情况分析，主要产品单位成本分析，制造费用、销售费用、管理费用和财务费用明细表的分析。

(2) 成本分析的方法

成本分析方法是完成成本分析目标的重要手段。通常采用的成本分析方法有比较分析法、比率分析法、连环替代法等。

2. 比较分析法

比较分析法是指把两个经济内容相同、时间或空间地点不同的经济指标以减法的形式进行对比分析的一种方法。比较分析法是日常分析工作中最常见的一种方法。通过比较分析，发现各项成本指标的变动差异，便于分析者进一步分析产生差异的原因。

小提示

比较分析法常用的比较标准

(1) 实际指标与计划指标或定额指标相比较。用于确定企业成本计划指标或定额指标的完成情况，为进一步分析指明方向。

(2) 本期实际指标与前期指标相比较。用于揭示成本指标的变动情况和变动趋势，借以观察企业生产经营管理水平的提高程度。

（3）本企业指标与同类型企业指标相比较。用于分析企业的先进（落后）程度及其差距，借以判断本企业的成本管理水平，在更大的范围内寻找差距，推动企业改进经营管理水平，向更高的目标努力。

3. 比率分析法

比率分析法是指通过计算各种经济指标的比率，据以分析成本活动的质量、水平和结构的分析方法。采用这一方法，先要把对比的数值变成相对数，求出比率，然后再进行对比分析。

（1）相关指标比率分析法。它是将两种性质不同但又相关的指标进行对比，计算相关指标的比率，以便从经济活动的客观联系中，更深入地分析和比较生产耗费的经济效益。例如，将成本指标与反映生产经营成果的产值、销售收入、利润指标对比求出产值成本率、销售成本率和成本利润率指标。其计算公式为：

$$相关指标比率=\frac{某种经济指标的数值}{另一项经济指标的数值}\times 100\%$$

（2）结构比率分析法。它是以某个经济指标的各个组成部分在总体中所占的比重，来分析其结构变化对成本计划执行情况的影响。通过分析可以掌握该项经济指标的特点和变化趋势，寻求最佳成本结构或通过调整成本结构以达到降低成本的途径。其计算公式为：

$$某项结构比率=\frac{某项经济指标的部分数值}{某项经济指标的全部数值}\times 100\%$$

（3）动态比率分析法。它是将连续若干时期同类成本指标的数值进行对比，揭示该项成本指标发展方向和增减速度，以观察成本费用的变化趋势，也称趋势分析法。动态比率可分为定基比率和环比比率。

定基比率也称定基发展速度，是以某一时期的数量为基数，将分析期各个时期的数量与基期相比，计算各个时期的增减比率。其计算公式为：

$$定基发展速度=\frac{报告期发展水平}{某固定基期发展水平}\times 100\%$$

环比比率也称环比发展速度，是将分析期各个时期的数量和其前期数量比较，计算其较前期的增减比率。其计算公式为：

$$环比发展速度=\frac{报告期发展水平}{上期发展水平}\times 100\%$$

4. 连环替代法

连环替代法也称因素分析法，是指根据因素之间的内在依存关系，依次测定各因素变动对经济指标差异影响的一种分析方法。运用此方法可解决比较分析法和比率分析法不能解决的问题，即可以测算各因素的影响，有利于查明原因，分清责任，评估业绩，也可针对问题，提出相应的措施。

小提示

连环替代法的分析程序如下：

（1）分解指标因素并确定因素的排列顺序

将影响某项经济指标完成情况的因素，按其内在依存关系，分解其构成因素，并按一定的顺序排列这些因素。

（2）逐次替代因素

每次将其中一个因素由基期数替换成分析期数，其他因素暂时不变，每个因素替换为分析期数后不再返回为基期数。后面因素的替换均是前面因素已经替换成分析期数的基础上进行的。依此类推，有几个因素需要替换几次，逐一替换。

（3）确定影响结果

每个因素替换以后，均会得出一个综合指标的结果。将每个因素替换以后的结果与替换以前的结果相减，得出该替换因素变动对综合指标的影响数额。

（4）汇总影响结果

将已计算出来的各个因素的影响额汇总相加与综合指标变动的总差额比较，确定其计算的正确性。

连环替代法的典型模式是：假设某项指标是由A、B、C三个因素组成的。诸因素与经济指标的关系为：

上年数　$A_0 \times B_0 = N_0$

本年数　$A_1 \times B_1 = N_1$

则N_1与N_0的差异是由A、B两个因素变动而引起的。采用连环替代分析计算如下：

综合指标　$A_0 \times B_0 = N_0$

第一次替代　$A_1 \times B_0 = N_2$

第二次替代　$A_1 \times B_1 = N_1$

$N_2 - N_0$是A因素变化影响综合指标的结果：

$N_2 - N_0 = A_1 \times B_0 - A_0 \times B_0 = (A_1 - A_0) \times B_0$

$N_1 - N_2$是B因素变化影响综合指标的结果：

$N_1 - N_2 = A_1 \times B_1 - A_1 \times B_0 = (B_1 - B_0) \times A_1$

5. 对产品生产成本表的分析

全部产品成本计划完成情况的分析是指将全部产品本年实际总成本与按本年实际产量调整的计划总成本进行比较，计算出全部产品总成本降低额和总成本降低率，借以分析全部产品成本的升降情况。

小提示

由于全部产品计划总成本是按照各种产品的计划产量与计划单位的乘积加总而得的，这与本年实际总成本的比较基础不一致。为了排除产品产量因素的影响，单纯考核成本水平的变动对成本降低情况的影响，所以首先要按实际产量调整计算计划总成本。全部产品包括了可比产品和不可比产品。可比产品既有上年的成本资料，也有计划的成本资料；而不可比产品只有计划的成本资料，没有上年的成本资料。因此，全部产品成本分析只能用实际成本与计划成本进行比较分析。

全部产品成本降低任务完成情况分析的基本资料，可借助于企业内部成本报表中的产品生产成本报表及其成本计划表等有关资料整理而成。具体分析可按产品类别分析和按成本项目分析两个方面进行：一方面按产品类别分析全部产品成本计划完成情况，直接利用实际产品生产成本报表。另一方面按产品类别进行成本分析固然能清晰了解各种产品的升降情况，即哪些产品成本上升，哪些产品成本下降。但哪些成本项目超支，哪些成本项目节约还不清楚，因而有必要采用按成本项目分析，来了解成本项目变动的情况，进一步抓住重点项目来研究成本升降的原因，以便使企业在日后的成本管理工作中做到有的放矢。

在大多数企业，可比产品往往占全部产品的比重很大，因而，控制好可比产品成本对全部产品成本计划完成情况及成本水平的降低都具有重要意义。

知识延伸阅读

可比产品成本降低任务完成情况的原因分析

通过可比产品成本的实际完成情况与计划降低任务的计算，可以发现可比产品成本降低任务是否完成了。在此基础上，企业应进一步分析产生差异的原因，区分有利因素和不利因素、主观因素和客观因素，挖掘降低成本的潜力。

全部产品成本和可比产品成本分析，都是概括性的，它能从总体上说明企业成本计划的完成情况，对完成或未完成计划的原因做出综合性的分析。由于单位产品成本是影响可比产品成本降低任务的主要因素，企业应进一步对各主要产品的单位成本进行分析，使综合性分析与主要产品单位成本分析相结合，寻求影响单位产品成本水平变动的具体原因，以便企业对症下药，不断降低成本。

6. 主要产品单位成本表的分析

单位产品成本的比较分析，是根据企业内部的主要产品单位成本表的具体资料，利用比较分析法，分析本期实际单位成本比计划或预算、比上期、比本企业历史先进水平及先进企业成本水平的升降情况，然后着重对某种或某几种产品进一步按成本项目对比研究，查明影响单位成本升降的原因。

（1）单位直接材料变动原因分析

直接材料在产品成本中占有重要地位，特别是在加工企业中，它所占的比重就更大，因此，直接材料分析是成本项目分析的重点。分析单位产品直接材料的变动原因，一般用连环替代法进行差异分析，以便找到单位产品直接材料变动的具体原因。可以用本年实际水平与计划成本比较，也可以与上年成本比较，分析本年实际与计划或上年成本水平变动的具体原因。

小提示

单位产品直接材料=Σ单耗材料用量×材料单价

① 单耗材料用量变动对单位产品成本的影响

单耗材料用量变动对单位产品成本的影响=Σ（实际材料单耗-计划材料单耗）×计划单价

② 单位材料价格变动对单位产品成本的影响

单位材料价格变动对单位产品成本的影响=Σ（实际材料单价-计划材料单价）×实际材料单耗

在分析材料单位耗用量和材料价格变动对单位出纳品成本的影响后，还要进一步分析材料用量变动和价格变动的具体原因。

影响材料消耗量变动的因素很多，作用的方向也不一样。有的因素会造成材料用量的超支，有的因素可带来材料支出的节约。归纳起来，影响材料消耗量的因素一般有：职工操作技术水平；产品设计和工艺技术过程；合理代用材料；合理下料充分利用边角余料；废品率的高低。

单位产品材料费用支出的节约或超支，不仅同生产技术有关，而且同企业的生产经营管理有关。因此，在进行材料用量情况分析时，应结合生产技术和生产经营管理情况，才能进一步了解产品单位成本中材料费用支出节约或超支的具体原因，也便于企业从这些方面去寻求降低成本的途径。

影响材料价格的因素很多，分析时应区分两种情况：一种是与企业主观努力无关的因素，如材料采购价格的变动；另一种是与企业主观努力有关的因素，如材料采购费用的节约或超支。分清这两种因素，才能对企业工作做出正确的评价。

（2）单位直接人工变动原因的分析

产品生产过程中的直接人工是指生产职工薪酬。在生产多种产品的企业采用计时工资制或计时工资加奖励时，企业产品的工资费用是按生产产品工时消耗的比例分配计入每种产品成本的。单位产品成本中薪酬费用的高低，取决于单位产品的工时消耗和小时平均薪酬率两个因素。单位产品工时消耗反映劳动生产年率水平的高低，小时薪酬率则反映平均薪酬水平的高低。

单单位产品薪酬=单位产品耗用工时×小时薪酬率

（3）单位制造费用变动原因的分析

单位产品制造费用的分析类似于单位产品人工费用的分析。在生产多种产品的企业，其制造费用一般按生产工时分配计入每种产品。单位产品制造费用的计算公式为：

单位产品制造费用=单位产品耗用工时×小时制造费用率

$$\text{小时制造费用率}=\frac{\text{制造费用总额}}{\text{生产工时消耗总数}}$$

为了进一步了解制造费用变动的原因提出改进措施，降低产品成本，企业应按制造费用项目逐项分析，在把制造费用划分为变动制造费用和固定制造费用的情况下，对变动部分应将其预算数按照实际产量进行调整后，再与实际数对比，以确定其相对节约数；对固定部分，则用实际支出数直接同预算数相比较，确定其绝对节约额。在此基础上，还应结合各生产环节的具体资料，联系责任单位和责任人，查明各项制造费用超支或节约的具体原因。

小提示

制造费用的相对节约额和绝对节约额的分析方法如下：

① 变动部分的相对节约额

变动部分的相对节约额=(变动费用实际数额-变动费用预算数额)×产品产量完成率

② 固定部分的绝对节约额

固定部分的绝对节约额=固定费用实际数额-固定费用预算数额

③ 费用总额节约额

费用总额节约额=调整后的费用预算数-实际费用总额

7. 制造费用明细表的分析

对制造费用明细表的分析主要采用对比分析法。通常将本月实际数与上年同期实际数进行比较，揭示本月与上年同期实际数之间的增减变化。将本年实际数与本年计划数进行对比，就是全年费用计划执行情况。制造费用按费用项目进行分析，由于制造费用项目很多，可以选择变化较大、差异较大或费用比重较大的项目，有重点地进行分析。

8. 期间费用的分析

期间费用的分析包括对管理费用、销售费用、财务费用的分析。对期间费用的分析主要采用对比分析法和和构成比率分析法。首先应采用对比分析法，根据分析的目的，选择各费用明细表中的某项数字为基数，将本期实际与基数进行对比，确定各个项目本期实际与对比基数的差异。其次应采用构成比率分析法，以各相费用总额为基数，分别用各项费用的各个项目与总额进行计算，求出所占比重，以找出影响费用总额的重点项目，确定管理的重点环节。

13.2.2 实际操作

学中做

1. 新星公司 20××年 12 月有关产量、材料单耗和材料单价及材料总成本资料，如表 13-10 所示。

要求：用连环替代法进行材料总成本差异的分析。

表 13-10　材料有关资料表

编制单位：新星公司　　　　20××年 12 月　　　　单位：元

项　目	单　位	上 年 数	本 年 数	差　异
产品产量	台	200	210	+10
材料单耗	千克	30	28	−2
材料单价	元	20	23	+3
材料总成本	元	120 000	135 240	+15 240

【解析】

材料总成本差异=135 240−120 000=15 240（元）

上年材料总成本=200×30×20=120 000（元）

第一次替代　210×30×20=126 000（元）

第二次替代　210×28×20=117 600（元）

第三次替代　210×28×23=135 240（元）

产品产量增加使材料总成本增加额为：126 000−120 000=+6 000（元）

材料单耗节约使材料总成本节约额为：117 600−126 000=−8 400（元）

材料价格上升使材料总成本增加额为：135 240−117 600=+17 640（元）

产量、单耗、单价三个因素变化对材料总成本影响为：

6 000+（−8 400）+17 640=+15 240（元）

结果正好与材料总成本的总差异相等

2．伟明公司20××年12月A产品单位成本资料，如表13-11所示。

要求：对A产品单位成本进行分析。

表13-11　A产品单位成本表

编制单位：伟明公司　　20××年12月　　单位：元

成本项目	历史先进水平	上年实际	本年计划	本年实际
直接材料	280	300	297	294
直接人工	70	65	65	66
制造费用	130	135	133	130
合计	480	500	494	490

【解析】

以本年实际单位成本同企业历史先进水平、上年单位成本、计划单位成本比较的分析结果，如表13-12所示。

表13-12　A产品单位成本比较分析表

编制单位：伟明公司　　20××年12月　　单位：元

成本项目	比历史先进水平		比上年		比计划	
	增减额	增减率（%）	增减额	增减率（%）	增减额	增减率（%）
直接材料	+14	+5.00	−6	−2.00	−3	−1.01
直接人工	−4	−5.71	+1	+1.54	+1	+1.54
制造费用	0	0	−5	−3.70	−3	−2.25
合计	+10	+2.08	−10	−2.00	−5	−1.01

从比较分析的结果看，A产品本年实际单位成本比计划降低了5元，比上年降低了10元，比历史先进水平提高了10元，并且本年实际单位成本的项目除直接人工以外，其他两项均比上年和计划节约了。这说明该企业本年在降低成本方面做出了一些成绩，但与历史先进成本水平还有较大差距，说明还有潜力可挖。应当指出的是在产品品种较多的企业，进行单位成本的比较分析时，应着重对一种或几种主要产品或对成本升降幅度较大的产品进行分析，以便抓住关键，把握重点。在进行主要产品单位成本比较分析的基础上，要按直接材料、直接人工和制造费用三个成本项目进行分析，查明造成单位成本升降的具体原因。

3．假设珊瑚公司20××年12月全部产品成本报表资料，如表13-13所示。

要求：编制并分析全部商品产品成本表。

表 13-13 产品生产成本表

编制单位：珊瑚公司 20××年 12 月 单位：元

产品名称	单位	实际产量	单位成本			总成本		
			上年实际	本年计划	本年实际	按上年实际成本计算	按本年计划成本计算	按本年实际成本计算
可比产品						277 800	267 540	265 200
A	台	180	530	493	500	95 400	88 740	90 000
B	台	240	760	745	730	182 400	178 800	175 200
不可比产品							24 000	24 800
C	台	80		300	310		24 000	24 800
全部产品成本							291 540	290 000

【解析】

（1）根据资料按产品类别编制全部商品产品成本分析表，如表 13-14 所示。

表 13-14 全部产品成本分析表（按产品类别）

产品名称	实际产量按计划成本计算总成本	实际产量按实际成本计算总成本	实际比计划降低额	实际比计划降低率（%）
可比产品	267 540	265 200	−2 340	−0.87
A	88 740	90 000	+1 260	+1.42
B	178 800	175 200	3 600	−2.01
不可比产品	24 000	24 800	+800	+3.33
C	24 000	24 800	+800	+3.33
全部产品	291 540	290 000	−1 540	−0.53

（2）分析。

通过按产品类别进行全部产品成本分析，不仅说明全部产品成本计划执行情况，而且反映出了各种产品成本完成计划的情况。该企业全部产品成本实际比计划降低了 1 540 元，降低率为 0.53%。其中，可比产品实际成本比计划成本降低了 2 340 元，降低率为 0.87%，而不可比产品实际成本比计划成本提高了 800 元，成本上升率为 3.33%。这表明，该企业在不可比产品成本管理中有待努力，也可能是因为不可比产品没有上年成本资料可参考，本年计划成本制定得不够合理，致使企业难以达到计划成本水平，使成本上升了。虽然可比产品总成本实际比计划降低了，但由于 A 产品实际成本比计划成本上升 1 260 元，上升率为 1.42%，使得可比产品总成本只降低了 2 340 元。因此，通过分析，可以发现产品总成本是降低了，但该企业生产的总产品中，两种产品成本是上升的。说明该企业成本管理工作存在严重问题，在下年度需要加强成本控制，以降低产品成本。

4．青远公司 20××年 12 月可比产品成本计划降低任务指标，如表 13-15 所示。

要求：编制可比产品成本计划降低任务表。

表 13-15 可比产品成本计划降低任务表

编制单位：青远公司 20××年 12 月 单位：元

产品名称	计划产量	单位成本		总成本		成本降低指标	
		上年实际	本年计划	按上年实际成本计算	按本年计划成本计算	降低额	降低率（%）
A	400	500	495				
B	600	750	740				
合计							

【解析】

A 产品计划成本降低率=（198 000−200 000）÷200 000×100%=1.00%

B 产品计划成本降低率=（444 000−450 000）÷450 000×100%=1.33%

可比产品成本计划降低额=650 000−642 000=8 000（元）

可比产品成本计划降低率=800÷65 000×100%=1.23%

表 13-16 可比产品成本计划降低任务表

编制单位：青远公司　　20××年 12 月　　单位：元

产品名称	计划产量	单位成本		总成本		成本降低指标	
		上年实际	本年计划	按上年实际成本计算	按计划成本计算	降低额	降低率
A	400	500	495	200 000	198 000	2 000	1.00
B	600	750	740	450 000	444 000	6 000	1.33
合计				650 000	642 000	8 000	1.23

5．崇新公司 20××年 12 月甲产品的有关单位产品薪酬资料，如表 13-17 所示。

要求：采用连环替代法对单位产品人工费用的变动原因进行分析。

表 13-17 单位产品薪酬计算表

项　目	计 划 数	实 际 数	差　异
单位产品耗用工时	10	8	−2
小时薪酬率	6.5	8.25	+1.75
单位产品人工费用	65	66	+1

【解析】

分析对象：单位产品人工费用：66−65=1（元）

单位产品耗用工时变动的影响：

（8−10）×6.5=−13（元）

小时薪酬变动的影响：

（8.25−6.5）×8=+14（元）

分析结果表明，甲产品单位产品薪酬上升了 1 元，是由于单位产品耗用工时节约而节约薪酬费用 13 元，由于小时薪酬上升 1.75 元，使单位产品薪酬费用提高了 14 元。两个因素共同影响的结果使单位产品薪酬费用上升 1 元。

13.2.3 职业技能训练

项目 13 任务 13.2 职业技能训练安排，如表 13-18 所示。

表 13-18 项目 13 任务 13.2 职业技能训练安排

技能要求	如何进行成本报表的分析
技能目标	掌握成本报表的分析方法；全部产品成本计划完成情况的分析，可比产品成本降低任务及其完成情况的计算以及单位产品成本分析
技能内容	设计 1～2 个案例资料让学生运用比较分析法、比率分析法、连环替代法对产品成本报表进行分析
技能组织	1．要求每个学生熟练掌握成本分析方法，对成本报表进行分析 2．根据案例分析结果，找出成本报表分析的规律

项目测试题

一、单选题

1．成本分析时不需根据（　　）资料进行。

A．成本核算　　B．成本计划　　C．成本明细　　D．其他有关

2．原材料利用率变动，（　　）。

A．会同时影响产品成本降低额和降低率

B．只会影响产品成本降低额

C．只会影响产品降低率

D．不会影响产品成本降低额和降低率

3．成本报表的特点不包括（　　）。

A．灵活性　　B．系统性　　C．多样性　　D．综合性

4．成本报表是一种（　　）。

A．汇总报表　　B．内部管理会计报表

C．静态报表　　D．对外财务会计报表

5．编制成本报表的原因是（　　）。

A．企业内部经营管理的需要　　B．会计准则的要求

C．社会中介机构的要求　　D．潜在投资者和债权人的要求

6．各种产品在总产品中所占的比重，是一种（　　）。

A．相关比率　　B．构成比率

C．绝对数差额　　D．相对数差额

7．下列项目，不包括在成本报表中的是（　　）。

A．产品生产成本表　　B．制造费用明细表

C．期间费用明细表　　D．资产负债表

8．不属于成本报表作用的是（　　）。

A．分析考核成本计划的执行情况

B．挖掘成本节约潜力，有效控制生产耗费

C．为成本预测、决策等提供重要依据

D．为产品成本计算提供依据

9．不属于产品成本表反映的内容是（　　）。

A．报告期内全部产品总成本

B．报告期内各主要产品单位成本

C．报告期内全部产品各成本项目的总成本

D．报告期内各项期间费用

10．可比产品是指（　　），有完整的成本资料可以进行比较的产品。

A．试制过　　B．国内正式生产过

C．企业曾经正式生产　　D．总产值

二、多选题

1. 成本报表分析方法包括（　　）。

A. 对比分析法　　B. 比率分析法

C. 因素分析法　　D. 差额计算法

2. 成本报表的分类形式包括（　　）。

A. 按所反映的经济内容划分　　B. 按成本报表编制时间划分

C. 按成本计算对象划分　　D. 按成本计算期划分

3. 成本报表编制的要求包括（　　）。

A. 数字准确　　B. 时间准确　　C. 内容完整　　D. 格式标准

4. 利用成本报表可进行的内容包括（　　）。

A. 了解哪些费用升高、降低

B. 分析完成或未完成计划、预算的原因

C. 找出降低成本的途径

D. 进行成本预测和决策

5. 制造费用明细表的编制内容包括（　　）。

A. 本年计划数　　B. 上年同期实际数

C. 本月实际数　　D. 本年累计实际数

6. 成本分析的程序包括（　　）。

A. 制订计划　　B. 收集资料　　C. 具体分析　　D. 总结报告

三、判断题

1. 对比分析法不适用于同质指标的数量对比。（　　）
2. 定基比率和环比比率都是以某一时期的数量为基数。（　　）
3. 因素分析法是在假定其他因素不变而其中一个因素变化，求出指标的差异数额。（　　）
4. 成本报表是对外报表。（　　）
5. 废品率是指产品生产过程中废品数量与合格品数量的比率。（　　）

四、简答题

1. 简述成本报表的作用。
2. 什么是成本分析？
3. 简述成本报表的种类。
4. 成本分析包括那些内容？

五、项目实训题

（一）项目实训目的

熟悉成本报表的编制。

（二）项目实训资料及要求

实训资料：大华工厂生产 A、B、C 三种产品，其中 A、B 产品为主要产品，C 产品为非主要产品，有关产品产量资料，如表 13-19 所示。

表 13-19　产品产量资料

项　　目	A 产品	B 产品	C 产品
产品产量（台）			
本年计划	3 750	2 600	1 300
本年实际	4 100	2 000	1 760
产品单位成本			
上年实际平均	800	700	
本年计划	798	630	768
本年实际平均	763	647	740

实训要求：编制产品品种类别反映的（填表 13-20）产品生产成本表并进行分析。

表 13-20　商品产品成本表

产品	单位	产量		单位成本			实际产量的总成本		
		本年计划	本年实际	上年实际平均	本年计划	本年累计实际平均	按上年实际平均单位成本计算	按本年计划单位成本计算	本年实际
主要产品									
A 产品	台								
B 产品	台								
非主要产品									
C 产品	台								
合计									

参 考 文 献

[1] 中华人民共和国财政部．企业会计准则（2006）．北京：经济科学出版社，2006.
[2] 江希和，向有才．成本会计案例与实训．北京：高等教育出版社，2008.
[3] 顾全根．成本会计实务．北京：清华大学出版社，2009.
[4] 蒋国发．成本会计．北京：清华大学出版社，2010.
[5] 褚林华．成本会计．北京：北京师范大学出版社，2010.
[6] 张庆春，徐素波．新编成本会计实务．北京：电子工业出版社，2010.
[7] 李素其，姜明霞．成本会计理论与实训．北京：中国人民大学出版社，2010.